Titelbilder:

Otto Lilienthal mit seinem Flügelschlagapparat, 1894
Ottomar Anschütz, CC0, PD US (109)

Start eines Airbus A310 vom Flughafen Leeds Bradford
Mark Winterbourne, CC BY 2.0 (110)

Helmut Igl

Die Geschichte der Luftfahrt

kurz und bündig

epubli

2018 Helmut Igl

1. Auflage

Umschlaggestaltung:
Helmut Igl

sudok-Verlag
Helmut Igl
D-83607 Holzkirchen
Roggersdorfer Str. 37
sudok-verlag@kabelmail.de

Druck: epubli - ein Service der neopubli GmbH, Berlin,
Printed in Germany

Zu diesem Buch:

Die vorliegende Lektüre ist eine Zusammenfassung der Entwicklungsgeschichte der Luftfahrt in chronologischer Abfolge mit über 100 Abbildungen. Sie ist für alle Leser/-innen gedacht, die sich über die wichtigsten Ereignisse seit Anbeginn der Luftfahrt bis in die heutige Zeit informieren möchten.

Vom ersten Ballon bis hin zum suborbitalen Weltraumflug werden auch die unterschiedlichen Flugzeugarten und -typen in komprimierter Form vorgestellt.

Der Autor:

Helmut Igl ist Dipl.Ing. (FH) und war über 25 Jahre als Lehrer im technischen und bildnerischen Bereich an bayerischen Schulen tätig. Schon immer von der Fliegerei begeistert, befasste sich der passionierte Modellpilot jahrelang intensiv mit der Luftfahrtgeschichte, sodass im Ergebnis ein Werk entstand, das nicht nur dem Insider einen zusammenfassenden Überblick vermittelt, sondern auch alle interessierten Leser inspirieren soll.

Inhaltsverzeichnis

Die Ballonfahrt 9

Der Beginn der Fliegerei 14

Das Luftschiff 18

Der erste Motorflug 28

Der Segelflug 35

Der Beginn der Passagierluftfahrt 43

Die ersten Langstreckenflüge 46

Flugboote 48

Landgestützte Verkehrsflugzeuge 51

Der militärische Flugzeugbau 54

Die weitere Entwicklung des Helikopters 57

Die Ära der kolbenbetriebenen Großflugzeuge 64

Die ersten Flugzeuge mit Strahltriebwerk 66

Das Turbinenstrahltriebwerk 70

Propellerturbinen-Luftstrahltriebwerke 71

Das Jet-Zeitalter 74

Das Mantelstromtriebwerk 76

Die Turbinen-Hubschrauber 78

Der Tandem-Hubschrauber 86

Der Überschallflug 87

Der zivile Überschallflug 89

Kampfflugzeuge im Überschallbereich 93

Moderne Großraumflugzeuge 100

Die Hubschrauber der Neuzeit 110

Der Kampfhubschrauber 112

Senkrecht startende Flugzeuge 115

Die Zukunft der Luftfahrt 118

Der Flugschrauber 121

Das elektrische Fliegen 124

Das Wasserstoffflugzeug 126

Das Solarflugzeug 127

Der Multikopter 128

Der suborbitale Raumflug 129

Das Hyperschallflugzeug 132

Der Weltraumtourismus 133

Die Sicherheit im Flugverkehr 135

Autoren- und Quellenverzeichnis 138
Bildquellenverzeichnis 145

Die Geschichte der Luftfahrt
kurz und bündig

Der Traum vom Fliegen beschäftigte die Menschen schon von alters her und seit ewigen Zeiten wird der faszinierende Flug der Vögel neidvoll bestaunt. Von daher ist es nicht verwunderlich, dass bereits im klassischen Altertum mensch- oder tierähnliche Geschöpfe mit Flügeln behaftet dargestellt wurden.

In der griechischen Mythologie findet sich sogar der sagenumwobene Hinweis auf **Dädalus** (Daidalos), einem ideenreichen Erfinder, der zusammen mit seinem Sohn **Ikarus** auf der Insel Kreta in einem Turm eingesperrt worden war. Um der Gefangenschaft zu entkommen, fertigte Dädalus für sich und seinen Jungen aus dem Federkleid von Vögeln zwei Flügelpaare, die er mit Kerzenwachs bestrich und mit denen die beiden das halsbrecherische Risiko eingingen, von hoch oben aus dem Turmgefängnis in die Tiefe zu springen. Nachdem sie es mit ihren Fluggeräten auf wundersame Weise geschafft hatten, sogar über mehrere Inseln hinwegzufliegen, wurde Ikarus offensichtlich von der Fluglust gepackt. Die Warnungen seines Vaters missachtend stieg er immer höher in den Himmel auf, bis er irgendwann der Sonne zu nahe kam. Bedingt durch die Sonnenglut schmolz das Wachs, die Federn der Flügel fielen ab - und Ikarus stürzte ins Meer.

In ähnlicher Weise erging es anfangs so manchen Flugpionieren, die, vom Vogelflug animiert, oft mit Flügeln ausgerüstet von Gebäuden und Anhöhen in den Tod sprangen. Im Laufe der Jahrhunderte sollte es jedoch der menschliche Erfindungsgeist zustande bringen, durch Versuch und Irrtum gepaart mit Kreativität neue Erkenntnisse zu gewinnen und damit verlässlichere Flugtechniken zu erforschen.

Die ersten dokumentierten, vom Menschen geschaffenen Flugapparate in Form unterschiedlicher Drachen stammen aus China (5. Jh. v. Chr.) und auch Marco Polo schrieb schon

1282 in seinen Berichten, dass er dort bemannte Drachenaufstiege beobachtet hatte.

Mit diversen Fluggeräten setzte sich Ende des 15. Jhs. auch Leonardo da Vinci auseinander, indem er den Aufbau von Tierflügeln sehr genau aufzeichnete und außerdem verschiedene Flugobjekte wie z. B. eine Flugspirale oder Schwingenflugzeuge entwarf. Aus heutiger Sicht wäre allerdings keines dieser Modelle, hätte man sie gebaut, flugtauglich gewesen.

Erst im 18. Jh. sollte es endlich möglich werden, den Menschheitstraum vom Fliegen in die Tat umzusetzen. Es begann mit zwei Brüdern, die es zuwege brachten, vor den Augen tausender Schaulustiger erstmals den Luftraum zu erobern:

Die Ballonfahrt

Joseph und **Jacques Montgolfier** waren die Söhne eines französischen Papierfabrikanten, die sich schon in frühen Jahren für das Fliegen interessierten. Als Joseph in einem Bericht von einem Gas erfuhr, das der Brite Henry Cavendish 1766 entdeckt hatte und das 14-mal leichter als Luft sein sollte (Wasserstoff), füllte er Papierkugeln mit diesem Gas und ließ sie versuchsweise emporsteigen. Doch aufgrund der undichten Hülle sanken diese schnell wieder zu Boden. Danach beschäftigte sich Joseph mit einem anderen Phänomen. Er hatte nämlich eines Tages ein am Kamin zum Trocknen aufgehängtes Hemd beobachtet, das sich durch die heiße, verrauchte Luft des Feuers aufblähte. Angesichts der Tatsache, dass Rauchschwaden nach oben steigen schloss er daraus, dass Rauch, in einem leichten Behälter verpackt, diesen nach oben ziehen müsste. Folglich probierten er und sein Bruder eine Reihe von mit qualmendem Rauch gefüllten Papierhüllen aus, die bald in immer größere Höhen aufstiegen. **1783** führten sie einer breiteren Öffentlichkeit vor, wie ein durch Schafwolle und Stroh erzeugtes und stark rauchendes Feuer einen riesigen Ballon über einen Kilometer in die Höhe steigen und zwei Kilometer weit treiben ließ.

Die Nachricht von diesem spektakulären Ereignis wurde auch an der Akademie der Wissenschaften in Paris wahrgenommen. Dort wurde der Physiker **Jacques Charles** damit beauftragt, diesen ungewöhnlichen Versuch zu wiederholen und seine Durchführbarkeit zu bestätigen. Doch durch einen gerade erschienenen Zeitungsartikel wurde Charles in die Irre geführt. Dort stand zu lesen, dass es den Montgolfiers gelungen sei, ein Gas herzustellen, das leichter als Luft ist und somit Ballone flugfähig mache. Da Wasserstoff aber das derzeit einzig bekannte Gas mit dieser Eigenschaft war, experimentierte Charles nur noch mit diesem und entwickelte auf diese Weise eine völlig andere Ballonart: den Wasserstoffballon.

Mit Hilfe eines neuen Verfahrens zur Herstellung gummibeschichteter Seide für die Ballonhülle bekam er bald auch das Problem mit der Undichtigkeit in den Griff. Noch im selben Jahr ließ Charles einen vier Meter großen wasserstoffgefüllten Ballon steigen, der wegen seines hohen Auftriebs schnell aus dem Blickfeld der Zuschauer verschwand und nach 45 Minuten und 25 Kilometern zurückgelegter Strecke wieder außerhalb von Paris landete.

Auf diese Weise waren beinahe zeitgleich zwei verschiedene Ballonarten erfunden worden, die heute nach ihren Erfindern benannt werden: die mit heißer Luft betriebene **Mongolfière** und der mit Gas gefüllte Ballon, die **Charlière**.

Bis zu diesem Zeitpunkt war aber noch kein Mensch in einem Ballon gefahren. Als König Ludwig XVI. die Brüder Montgolfier in den Schlossgarten von Versailles berief, um sich deren Erfindung vorführen zu lassen, traf sich dort halb Paris, um dieses außergewöhnliche Schau-spiel miterleben zu können. Nachdem man aber eine menschliche Besatzung als zu gefährlich erachtete, überließ man zunächst Tieren das vermeintliche Risiko - einem Hahn, einer Ente und einem Hammel, die dann gemeinsam die erste, 8 Minuten dauernde Fahrt in die Tat umsetzten.

Start einer Montgolfière, 1783 (1)

Nach diesem durchschlagenden Erfolg nahmen die Montgolfiers jetzt auch einen größeren Ballon zur Beförderung von Menschen in Angriff. Der König bestand jedoch darauf, dass als Passagiere nur zum Tode verurteilte Gefangene in Frage kämen. Aber letztendlich konnte man ihn doch davon überzeugen, dass keinesfalls Strafgefangene diesen Ruhm ernten dürften. Im November 1783 stiegen schließlich unter dem Anblick tausender Neugieriger ein Adeliger und ein Offizier in den ringförmigen Korb der Mongolfière. Aus einem riesigen, ofenartigen Gemäuer entstieg heißer, qualmender Rauch und befeuerte so lange den 22 m hohen, blau-goldenen Ballon, bis dieser erhaben in die Lüfte abhob. Nach 25 Minuten und acht Kilometer Fahrt kamen die beiden Draufgänger dann unter den Augen einer staunenden Bevölkerung wieder sanft auf die Erde zurück.

Aufstieg der Charlière, 1783
Library of Congress (2)

Nur 10 Tage später hatte es auch Professor Charles geschafft. Unter dem Jubel von 300.000 Menschen entschwebten vor dem Pariser Tuilerienpalast er und ein Kollege in ihrem Gasballon lautlos in die Luft. Die Produktion des benötigten Wasserstoffgases aus Eisenspänen und Schwefelsäure hatte zuvor fast drei Tage gedauert. Nach einer 2 ½-stündigen Ballonfahrt kamen sie, nachdem sie in einer Höhe von rund 450 Metern eine Strecke von 36 km zurückgelegt hatten, wieder glücklich und unversehrt am Boden an. Im Anschluss daran stieg Charles noch einmal ohne Begleitung auf.

Im Folgejahr führten die Brüder Montgolfier noch einen weiteren, größeren Versuch durch. Unter den jetzt sieben Passagieren befand sich nun auch Joseph, der damit seinen ersten und einzigen Aufstieg unternahm.

Danach verloren die Montgolfiers ihre Motivation an der Ballonfahrerei, denn damaliges Ballonmaterial hatte so seine

Tücken. So bestand das Hüllenmaterial der Montgolfieren aus leinenverstärktem Papier und war extrem feuergefährdet. Und da man in dieser Zeit noch den Auftrieb mit Hilfe eines qualmenden Strohfeuers erzeugte, ist so mancher Ballon ein spektakuläres Opfer der Flammen geworden.

Auch andere begeisterte Himmelsstürmer beschäftigten sich damals mit solcherlei Ballonen, doch mit der Zeit ließ auch deren Interesse immer weiter nach.

Erst nach 150 Jahren besannen sich Wissenschaftler wieder auf die Ballonfahrt, als sie damit begannen, mit Gasballonen den Luftraum zu ergründen. **1931** schaffte der schweizer Physiker **Auguste Piccard** in einem Gasballon zur Messung der kosmischen Höhenstrahlung den ersten Höhenrekord von annähernd 16 Kilometer, den er später noch auf 23 Kilometer steigern konnte.

Augustes Enkel **Bertrand Piccard** gelang **1999** in Begleitung des Engländers Brian Jones mit seinem ‚Breitling Orbiter 3' die erste Erdumrundung in einer Art Zwitterballon, einem mit Heliumgas gefüllten und zusätzlich mit Heißluft betriebenen Ballon. Sie waren 20 Tage lang in den Jetstreams, den in der oberen Troposphäre vorkommenden Starkwinden von bis zu 650 km/h, unterwegs und legten dabei eine Strecke von 45.000 Kilometer zurück.

Der österreichische Extremsportler **Felix Baumgartner** erreichte **2012** in einem Heliumballon die Weltrekordhöhe von 38.969,4 m – bis er absprang und mit Überschallgeschwindigkeit im freien Fall der Erde entgegenraste.

Auch in der Klimaforschung und zum Erfassen von Wetterdaten schweben heute jeden Tag hunderte von Gasballonen rund um den Globus in die Stratosphäre.

Der Beginn der Fliegerei

Die Alternative zu den Ballonen waren Fluggeräte, die trotz ihres Eigengewichts durch den Auftrieb an ihren Tragflächen in der Luft gehalten werden konnten. Richtungsweisende Erkenntnisse hierfür schuf der englische Ingenieur **Sir George Cayley**, der nach ausgiebigen Studien zunächst herausfand, dass es für den Menschen nicht möglich sei, mit Federflügel ausgestattet aus eigener Muskelkraft fliegen zu können. **1799** formulierte er in einer Abhandlung zwei wichtige Grundelemente der Aerodynamik: den Auftrieb und den Widerstand an einer Fläche. Nach weiteren zehn Jahren veröffentlichte Cayley eine wissenschaftliche Arbeit, in der er erstmals beschrieb, dass die Querstabilität eines Flugkörpers durch eine leichte positive V-Stellung der Tragflächen zu erreichen sei, die Längsstabilität durch die Installation eines ‚Höhenleitwerks' und die Richtungsstabilität durch die Verwendung eines ‚Seitenleitwerks'. Außerdem fand er heraus, dass gewölbte Flügelprofile bedeutend mehr Auftrieb erzeugen als ebene Flächen.

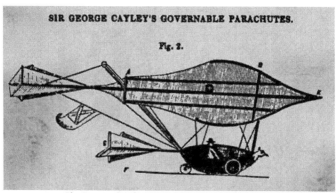

Sir George Cayley's Lenkbarer Fallschirm (105)

Cayley hatte schon viele Versuche mit selbst konstruierten Gleitflugzeugen unternommen, bis er 1853 im Alter von 80 Jahren seinen letzten Drachengleiter baute. Der Überlieferung nach musste als Pilot sein nicht gerade begeisterter Kutscher herhalten, der damit 130 m weit geflogen sein soll. Er überstand den Flug zwar ohne Blessuren, reichte aber anschließend sofort seine Kündigung ein.

Oft als ‚Vater der Aerodynamik' bezeichnet, machte Sir George Cayley mit der Veröffentlichung seiner Theorien seine Erfahrungen für jedermann zugänglich, sodass nachfolgende Luftfahrt-Pioniere darauf aufbauen konnten.

Einer dieser Pioniere war der 1848 in der Nähe von Greifswald in Preußen geborene **Otto Lilienthal**. Nach heutigem Wissensstand war er der erste Mensch, der nachweislich erfolgreiche Gleitflüge durchführte.

Schon in jungen Jahren widmete sich Otto dem Studium des Vogelflugs und experimentierte zusammen mit seinem Bruder Gustav mit diversen Fluggeräten. Nach seinem Studium arbeitete Lilienthal als Maschinenbauingenieur und gründete in Berlin eine eigene Firma zur Herstellung von Dampfmaschinen und Dampfkessel. Mit diesen Produkten verdiente er sich das Geld für den Bau seiner späteren Gleitflugzeuge. Im Alter von 26 Jahren führte Lilienthal unterstützt von seinem Bruder systematische Messungen zum Auftrieb an ebenen und gewölbten Flächen durch und bestätigte so die Aussagen Cayleys, dass die geschwungene Flügelform der Vögel die günstigsten Widerstandswerte bei größtmöglichem Auftrieb liefert. Die aus zahlreichen Versuchen gewonnenen Erkenntnisse publizierte er 1889 in seinem Buch ‚Der Vogelflug als Grundlage der Fliegekunst'. Dieses bahnbrechende Werk beinhaltete bereits die physikalischen Grundlagen des Fliegens und wird heute als die wichtigste Veröffentlichung aus der Frühzeit der Luftfahrt angesehen.

Mehr als 20 Jahre hatte sich Otto Lilienthal mit der Theorie des Fliegens beschäftigt, bevor er mit einem selbst gebauten Fluggerät einen ersten Flugversuch wagte. Gemäß seinem Leitsatz „Vom Schritt zum Sprung, vom Sprung zum Flug" begann er zunächst mit Stehübungen gegen den Wind, denen anschließend Sprünge von einer Rampe im Garten seines Hauses folgten. **1891** gilt als das Jahr, in dem zum ersten Mal ein Mensch sicher nachgewiesen mit einem flugtauglichen Objekt flog. Mit dem ‚Derwitzer Apparat', wie er sein Fluggerät nannte, legte Lilienthal am Mühlenberg bis zu 25 m weite Flüge zurück, wobei er jeden Versuch akribisch auswertete und danach seinen Flugapparat kontinuierlich verbesserte. Von Hügeln und Hängen in seiner Umgebung startete er nun zu wiederholten Gleitflügen, steigerte diese bis etwa 250 m Weite und ließ sich in der Nähe seines Wohnorts sogar einen 15 m hohen Hügel, den ‚Fliegeberg', aufschütten, an dem er tausende von Flügen absolvierte.

Lilienthal mit seinem Normalsegelapparat, 1895 (3)

Neben möglichst guten aerodynamischen Eigenschaften legte Lilienthal auch auf die leichte Handhabung und Transportierbarkeit seiner Fluggeräte großen Wert. 1893 entwickelte er seinen **Normalsegelapparat**, einen aus einem Geflecht von Weidenzweigen und mit Baumwollstoff bespannten, zusammenklappbaren Hängegleiter mit 14 m² Tragfläche, den er anschließend patentieren ließ. Ein Jahr danach ging Lilienthals Normalsegelapparat in seiner Berliner Firma in Serienproduktion, die damit zur ersten Flugzeugfabrik der Geschichte wurde. Laut einer Verkaufsanzeige aus dem Jahr 1895 wurde das Segelfluggerät „zur Uebung des Kunstfluges" für den Preis von 500,- Mark angeboten und fand (mindestens) neun namentlich bekannte Käufer. Außerdem war seinen Flugzeugen stets ein Zettel beigefügt, der vor den Gefahren des Fliegens warnen sollte: „Also bedenken Sie, dass Sie nur ein Genick zum Zerbrechen haben!"

Lilienthals Flug vom Fliegeberg, 1895 (4)

In seinen letzten beiden Lebensjahren nutzte Otto Lilienthal auch den Gollenberg im Nordosten Berlins regelmäßig für seine Erprobungsflüge. Hier stürzte er, von einer heftigen Windböe erfasst, 1896 bei einem Flugversuch aus etwa 15 m Höhe senkrecht ab und brach sich dabei die Halswirbelsäule. Er wurde in eine Berliner Klinik gebracht, wo er am Folgetag mit 48 Jahren starb.

Insgesamt baute Otto Lilienthal in seinem Leben etwa 20 Fluggeräte, darunter auch Flügelschlagapparate und zwei verschiedene Doppeldecker mit bis zu 7 m Spannweite.

Indem er die grundlegenden Prinzipien des Fliegens erforschte und darauf aufbauend etwa 2.000 kontrollierte Versuchsflüge durchführte, verhalf Lilienthal der Fliegerei zu ihrem Durchbruch und führte nur wenige Jahre später zur Verwirklichung des Motorflugs durch die Gebrüder Wright.

Doch zuvor konnte sich noch für wenige Jahrzehnte ein anderer Luftfahrzeugtyp durchsetzen:

Das Luftschiff

Das größte Problem der Ballone, deren fehlende direkte Lenkbarkeit und geringe Eigengeschwindigkeit, konnte erst ab 1883 mit der Erfindung des relativ leichten Verbrennungsmotors Gottlieb Daimlers gelöst werden. Aufgrund seines günstigeren Verhältnisses zwischen Leistung und Gewicht im Gegensatz zu den schweren Dampfmaschinen und frühen Ottomotoren eignete er sich nun zunehmend auch für Luftfahrzeuge.

Seit 1850 gab es zwar schon erste experimentelle Luftschiffe, die mehr oder weniger schon die heute bekannte typische Form aufwiesen, konnten aber wegen ihrer schlechten Manövrierbarkeit letztlich doch nur für Luftaufnahmen oder zu Beobachtungszwecken eingesetzt werden. Diese nicht starren Luftschiffe werden **Prallluftschiffe** oder **Blimps** genannt. Ihre mit Wasserstoff gefüllte Hülle bestand aus Stoff und wurde anfänglich mit einem Netz überzogen, an dem die Gondel befestigt war.

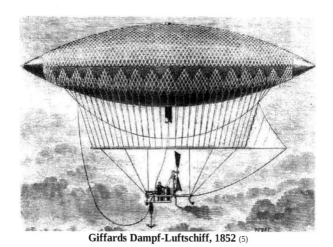

Giffards Dampf-Luftschiff, 1852 (5)

Dem Franzosen **Henri Giffard** gelang es als Erstem, Auftrieb und Vortrieb zu kombinieren. Er konstruierte **1852** einen zigarrenförmigen Ballon, der durch den Gasdruck im Innern geformt und von einer 45 kg schweren und 3 PS leistenden Dampfmaschine angetrieben wurde. Die anschließende fast 30 Kilometer lange Fahrt mit einer Geschwindigkeit von 8 km/h wird als der erste bemannte motorisierte Flug der Geschichte angesehen. Nachdem er bei einem weiteren Versuch verunglückte, bei dem das Luftschiff explodierte und er nur knapp den Flammen entkommen war, nahm allerdings danach das Interesse am Bau von Luftschiffen spürbar ab.

David Schwarz' Luftschiff 1897
Hans-Peter Papke (6)

Das erste Starrluftschiff war ein von dem gebürtigen Ungarn David Schwarz entwickeltes Ganzmetall-Luftschiff. Es bestand aus einem Gitterträgergerüst, war mit einem gerade auf den Markt gekommenen Aluminiumblech beplankt und wurde von einem 12 PS-Benzin-motor angetrieben. Die äußere Form bestand aus einem Zylinder mit kegelförmigem Bug. Das Luftschiff wurde jedoch bei seiner Probefahrt 1897 auf dem Tempelhofer Feld in Berlin zerstört. Unter den Beobachtern des Geschehens befand sich auch ein gewisser Graf Zeppelin, der die Idee von Schwarz übernahm und mit seinen späteren Luftschiffen Weltruhm erlangen sollte.

Alberto Santos Dumont war ein in Frankreich lebender brasilianischer Luftschiff- und Motorflugpionier, der insgesamt elf Luftschiffe baute. Um den mit 100.000 Franc dotierten Deutsch-Preis (gestiftet von dem französischen Öl-Industriellen Henri Deutsch) zu gewinnen, unternahm er **1901** drei Anläufe. Die ersten beiden missglückten, wobei beim zweiten Versuch sein Luftschiff Nr. 5 das Dach eines Hotels streifte und dabei explodierte. Dumont hing mit seinem Korb an der Außenwand des Gebäudes fest und konnte gerade noch rechtzeitig von der Feuerwehr aus seiner misslichen Lage befreit werden. Erst beim dritten Anlauf schaffte er es, mit seiner ‚Santos Dumont Nr. 6' und einem 12 PS-Motor die Bedingung für das Preisgeld zu erfüllen, innerhalb von 30 Minuten die fast 6 Kilometer lange Strecke vom Pariser Vorort Saint-Cloud um den Eiffelturm herumzufahren und wieder zum Ausgangspunkt zurückzukehren.

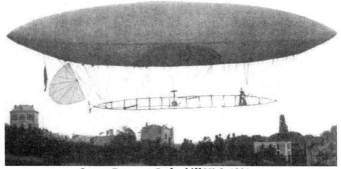

Santos Dumonts Luftschiff N° 6, 1901 (7)

Santos-Dumont befasste sich danach auch mit motorgetriebenen Flugzeugen, die er so weit entwickelte, dass ihm 1906 mit einem selbststartenden Experimentalflugzeug ein offiziell anerkannter Motorflug von über 25 Meter gelang und der ihm 3.500 Franc Preisgeld einbrachte. Zu seinen Ehren wurde einer der beiden Flughäfen Rios nach ihm ‚Rio de Janeiro Aeroporto Santos Dumont' benannt.

Der bedeutendste Luftschiff-Pionier war jedoch der in Konstanz am Bodensee geborene **Ferdinand Graf von Zeppelin**. Als deutscher Berufsoffizier wurde er mit 25 Jahren als Militärbeobachter im amerikanischen Bürgerkrieg eingesetzt, in dem die Kriegsgegner auch Ballone zum Ausspähen feindlicher Stellungen verwendeten. Als er sogar selbst an einer Ballonfahrt teilnehmen durfte, war er von diesem Erlebnis so fasziniert, dass er sich nach seinem frühzeitigen Ausscheiden aus dem aktiven Dienst als 52-jähriger Generalleutnant nur noch mit der Verbesserung der Ballontechnik beschäftigte. Zeppelin beobachtete intensiv die Luftfahrtszene und erwarb von der Witwe des Luftschiffkonstrukteurs David Schwarz dessen Entwürfe und Patente. 1895 ließ er sich sein eigenes Konzept für ein ‚Lenkbares Luftfahrzeug mit mehreren hintereinander angeordneten Tragkörpern' patentieren. Danach begann er mit der Realisierung des ersten, über drei Achsen lenkbaren Starrluftschiffs.

LZ1 bei seiner Jungfernfahrt über dem Bodensee im Juli 1900 (8)

Die wichtigsten Merkmale seiner Konstruktion waren das starre Gerippe aus Aluminium, das aus Ringen und Längsträgern aufgebaut war, sowie die gesonderten Gaszellen für das Füllgas im Innern des Gefährts. An dem mit Stoff überspannten Gerüst waren unterhalb die beiden separaten Gondeln für Passagiere und Besatzung befestigt. Da eine staatliche Finanzierung seines Unternehmens abgelehnt wurde, gründete er nach einem Spendenaufruf die ‚Gesellschaft zur Förderung der Luftschifffahrt', für die er selbst mehr als die Hälfte des Aktienkapitals in Höhe von umgerechnet ca. 5 Mio. Euro aufbrachte.

Der Prototyp wurde in einer auf Pontons schwimmenden Halle, die für den schwierigen Startvorgang in den Wind gedreht werden konnte, in der Manzeller Bucht bei Friedrichshafen gebaut. Schließlich stieg im Juli **1900** über dem Bodensee das erste, nach ihm benannte Starrluftschiff **LZ 1** (= Luftschiff Zeppelin 1) auf. Es hatte eine Länge von 128 m, einen Durchmesser von 11 m und verfügte über zwei Daimler-Motoren mit jeweils 15 PS. Tausende von Zuschauern beobachteten vom Ufer aus, wie das Monstrum über dem Wasser schwebend einige Kehren drehte und nach 18 Minuten notwassern musste.

Die nachfolgenden Zeppelinreihen wurden hauptsächlich für Passagierfahrten im Kurzstreckenbetrieb eingesetzt.

Den ersten großen Erfolg erlebte Graf Zeppelin jedoch erst 1908 mit seinem 4. Luftschiff LZ 4, das bereits über einen Aufenthaltsraum verfügte und in einer 12-stündigen Fahrt knapp 400 km zurücklegte. Als der LZ 4 noch im selben Jahr verunglückte, hätte dieser Unfall vermutlich das wirtschaftliche Aus für seine Luftschiffe bedeutet. Doch eine Spendenaktion löste eine beispiellose Welle der Hilfsbereitschaft im ganzen Land aus. Mit dieser nationalen ‚Zeppelinspende' in Höhe von umgerechnet 35 Mio. Euro war es dem Grafen nun möglich, die ‚Luftschiffbau Zeppelin GmbH' und eine Zeppelin-Stiftung zu gründen. Ein Jahr später wurde mit staatlicher Unterstützung die ‚Deutsche Luftschifffahrt-AG' ins Leben gerufen, die erste Fluglinie der Welt unter der Leitung von Hugo Eckener. In der Reihe der Zeppeline beförderte danach der LZ 7 bis 1914 auf mehr als 1.500 unfallfreien Fahrten insgesamt fast 35.000 Passagiere.

Im Ersten Weltkrieg wurden die Starrluftschiffe anfangs noch in großem Stil zur Aufklärung und für Luftangriffe mit Bombenabwurf verwendet. Doch im Laufe des Krieges ging die flugtechnische Entwicklung über sie hinweg, da die inzwischen zuverlässiger gewordenen Flächenflugzeuge immer mehr die Rolle der Luftschiffe übernahmen.

Als nach dem Ende des Ersten Weltkriegs auch das Ende des deutschen Luftschiffbaus gekommen zu sein schien, gelang es Graf Zeppelins Nachfolger **Hugo Eckener**, das Interesse der USA für das Luftschiff zu wecken. Es kam ein Vertrag zustande, der aber erst nach erfolgreicher Überführung des LZ 126 über den Atlantik als erfüllt betrachtet wurde. 1924 startete Kommandant Eckener von Friedrichshafen aus zur Atlantiküberquerung und landete ohne Zwischenfall nach drei Tagen in Lakehurst, 100 km südwestlich von New York City. Dies war nach dem britischen Starrluftschiff R34 fünf Jahre zuvor der zweite Nonstopflug über den Atlantik.

Ihre Blütezeit erlebten die Luftschiffe in den 1930er Jahren, als LZ 127 Graf Zeppelin und LZ 129 Hindenburg zur regelmäßigen Passagierbeförderung in die USA und nach Rio de Janeiro eingesetzt wurden.

Der 1928 in Dienst gestellte **LZ 127 Graf Zeppelin** gilt als erfolgreichstes Verkehrsluftschiff der Geschichte. Bei einer Reichweite von 12.000 km kam er auf eine Höchstgeschwindigkeit von 128 km/h und war damit dreimal schneller als ein Ozeandampfer. Zusätzlich zur 50-köpfigen Besatzung konnte der LZ 127 maximal 25 Fluggäste mitnehmen. Als Neuerung wurde zum Schutz gegen die Sonneneinwirkung die Hülle des Luftschiffs mit einem Aluminiumpulver-Anstrich versehen, der ihm seine typisch silberne Farbe gab. 1929 begab sich der Graf Zeppelin auf eine Weltreise, die über Sibirien, Tokio, Los Angeles, Lakehurst und zurück nach Friedrichshafen führte. Wo immer die Riesenzigarre auftauchte, wurde sie zur Sensation und überall frenetisch bejubelt. Insgesamt legte das Schiff fast 1,7 Mio. km bei 590 unfallfreien Fahrten zurück, wobei es etwa 140-mal den Atlantik nach Nord- und Südamerika überquerte.

Postkarte des Luftschiffs Hindenburg, 1936 (9)

Der Nachfolger der Graf Zeppelin, der **LZ 129 Hindenburg** und sein Schwesterschiff, der LZ 130 Graf Zeppelin II, waren mit einer Länge von 245 m, einem Durchmesser von 41 m sowie einem Leergewicht von 120 Tonnen und ebenso hoher Zuladung die größten Luftschiffe aller Zeiten. Angetrieben wurden sie von vier Dieselmotoren mit je 800 PS, die eine Geschwindigkeit von bis zu 130 km/h möglich machten.

Der Salon der Hindenburg (10)

Die Hindenburg war allerdings nicht auf Geschwindigkeit ausgelegt, sondern auf Komfort. Neben Schlafkabinen, einem separaten Rauchsalon und fließend warmem Wasser verfügte sie auch über einen Speisesaal, in dem Menüs à la carte serviert wurden. Das Luftschiff reiste meist in einer Höhe von 200 m und benötigte für eine Atlantiküberquerung knapp 43 Stunden. Ein Flugticket nach Amerika für die Hin- und Rückfahrt kostete damals umgerechnet rund 10.000 Euro.

Eigentlich sollte die Hindenburg schon mit dem nicht brennbaren Edelgas Helium befüllt werden, doch über dieses Gas verfügten nur die Amerikaner, und die zogen ihre Lieferzusage zurück, nachdem die Nazis die Zeppeline zu Propagandazwecken missbrauchten und auf Kriegskurs gegangen waren.

Seit seiner Inbetriebnahme 1936 hatte der LZ 129 Hindenburg während seiner 63 Fahrten 37-mal den Atlantik überquert. Als er im Mai 1937 bei seiner letzten Fahrt über den Ozean in der Marine-Luftschiffbasis Lakehurst ankam, ereignete sich eine Katastrophe, die die Welt erschüttern sollte. Kurz vor der Landung tauchte plötzlich auf der Außenhülle im Heckbereich eine Stichflamme auf, die in kürzester Zeit den Wasserstoff im Innern des Luftschiffs in ein flammendes Inferno verwandelte. Binnen weniger Minuten blieben von dem einst so stolzen Schiff nur noch Schrott und Asche übrig. Von den 97 an Bord befindlichen Personen kamen bei der Katastrophe 35 ums Leben, die anderen wurden wie durch ein Wunder gerettet. In aller Welt zeigte man danach den Dokumentationsfilm über die letzten 34 Sekunden bis zum Aufprall des Giganten auf dem Boden.

Mit diesem Absturz endete ein Jahr vor dem 100sten Geburtstag ihres Erfinders auf tragische Weise die fast vierzigjährige Ära dieser majestätischen Luftschiffe und bedeutete für die zivile Luftschifffahrt das sofortige Aus.

Hindenburg Zeppelin-Katastrophe (11)

Über die eigentliche Ursache des Unglücks wird bis heute viel spekuliert. Womöglich hatte sich das Luftschiff zuvor mit statischer Elektrizität aufgeladen, als es unplanmäßig lange an einer Gewitterfront entlang gefahren war. Als die Festhaltekabel zum Anlegen nach unten geworfen wurden und den Boden berührten, gab es vermutlich eine Funkenentladung, die das Gas entzündet haben könnte. Der verantwortliche Kapitän blieb allerdings bis an sein Lebensende davon überzeugt, dass weder technisches Versagen noch ein unglücklicher Zufall sein Luftschiff zerstört habe, sondern ein Sabotageakt. Auch eine Untersuchungskommission aus deutschen und amerikanischen Fachleuten kam zu keinem eindeutigen Ergebnis und schlussfolgerte, dass die Tragödie ein Fall höherer Gewalt gewesen sei.

Die Zeppelin-Luftschiffe nahmen in der Luftfahrt eine so dominante Rolle ein, dass sie zum Mythos geworden sind und der Begriff ‚Zeppelin' deshalb auch heute noch als Synonym für ‚Luftschiff' gebraucht wird.

In Deutschland konnten sich die nun mit unbrennbarem Helium gefüllten **Blimps** (nichtstarre Luftschiffe) eine Nische bewahren und schweben seit 1956 zu Werbezwecken und für Sightseeing-Touren über das Land.

Halbstarre Luftschiffe bzw. Kiel-Luftschiffe sind ihrer Bauart nach eine Zwitterform zwischen einem starren Luftschiff und einem Blimp und haben lediglich ein Teilskelett. Dieses besteht oft nur aus einem festen Kiel entlang der Längsachse, an dem die Gondel sowie die Motoren angehängt werden. Die Form der Hülle wird wie bei Prallluftschiffen durch den Gasüberdruck innerhalb der Hülle erzeugt.

Der Erstflug des halbstarren Luftschifftyps **Zeppelin NT** (Zeppelin Neuer Technologie) erfolgte **1997**. Mit diesem modernen Vielzweck-Airship peilt die ‚Zeppelin Luftschifftechnik GmbH' neue Märkte an, die weder vom Helikopter noch vom Flugzeug abgedeckt werden können. Vorerst wird er aber nur zu Tourismuszwecken sowie für Forschungs- und Überwachungsaufgaben eingesetzt.

Zeppelin NT
Tronedit, CC-BY-SA 3.0 (12)

In der Regel startet ein Zeppelin NT mit etwa 350 kg Übergewicht, wobei der fehlende Auftrieb durch 3 Antriebsmotoren erzeugt wird, die geschwenkt werden können und so den Antriebsschub in horizontaler und vertikaler Richtung ermöglichen.

Der erste Motorflug

Kehren wir noch einmal zurück in die Zeit gegen Ende des 19. Jhs, als Lilienthal seine Flugversuche mit Hängegleitern erfolgreich durchgeführt hatte. Viele engagierte Flugpioniere beschäftigten sich im Anschluss daran mit der weiteren Entwicklung der Flugtechnik, in deren Verlauf sich zwei Brüder besonders hervorgetan haben:

Orville und Wilbur Wright

Wilbur wurde 1867 im amerikanischen Bundesstaat Indiana, Orville 4 Jahre später in Ohio geboren. Die beiden interessierten sich schon von Jugend an für die Luftfahrttechnik. Nachdem sie die Highschool ohne Abschluss verlassen hatten, gründeten sie eine Druckerei und betätigten sich als Verleger und Herausgeber einer eigenen Zeitung. Nach wirtschaftlichen Schwierigkeiten und Schließung des Betriebs eröffneten die Brüder im Anschluss daran ein Fahrradgeschäft mit Reparaturwerkstatt und bauten sich eine kleine Fabrik auf, in der sie selbst entworfene Fahrradmodelle herstellten. Diese Firma sollte zur finanziellen Grundlage für die Experimente mit ihren Fluggeräten werden.

Angeregt durch die Berichte und Flugversuche anderer Flugenthusiasten befassten sich die Gebrüder Wright nun mit der Konstruktion eigener Flugzeuge. Systematisch durchforsteten sie alle existierenden Literaturbeiträge zum Thema Fliegen und begannen zunächst, in Anlehnung an Lilienthals und Cayleys Flugapparate, selbst Gleitmodelle zu entwickeln. Sie ließen sich sogar von einem Techniker ihres Betriebs einen Windkanal bauen, mit dem sie verschiedenste Formen und Profile von Flügeln umfassend testen konnten. Dabei stellte sich heraus, dass Lilienthals Absturz offensichtlich an der mangelhaften Steuerfähigkeit seines Gleiters gelegen haben musste. Deshalb entwarfen die Brüder 1899 als ersten Flugapparat einen Doppeldecker, der durch die Verwindung der Tragflächen um die Längsachse steuerbar war. Anfangs noch ohne Piloten, erlaubte 1901 ein überarbeitetes Gerät bereits bemannte Gleitflüge von bis zu 100 m, wobei der Flugzeugführer die Steuerung im Liegen bediente. Als Versuchsgelände wählten sie einen Ort bei Kitty Hawk in North Carolina an der atlantischen Küste aus, der sich wegen seiner konstanten Windverhältnisse besonders gut eignete. Nach zahlreichen Flügen mit ihrem Doppeldecker-Gleiter, allein 1902 über 1.000 Flüge, schafften sie bald Flugweiten von über 600 m bei einer Flugzeit von knapp 30 Sekunden und fanden schließlich heraus, dass das Anbringen eines beweglichen Seitenruders ihren Gleiter wesentlich besser steuern ließ. Mit dieser Neuerung beantragten die Wrights 1903 ein Patent und entschlossen sich, den Apparat nun mit einem Flugmotor auszustatten. Doch das war leichter gesagt als getan. Die von Otto erfundenen und von Daimler modifizierten Verbrennungsmotoren wurden zwar schon in Fahrzeugen eingesetzt, waren aber zu schwer und zu wenig leistungsstark und außerdem kaum erhältlich. Deshalb entschieden sich die beiden, sich ein eigenes Triebwerk von einem in ihrer Fahrradfabrik arbeitenden Konstrukteur bauen zu lassen. Dieser brachte es in kurzer Zeit fertig, einen 81 kg leichten, wassergekühlten Vierzylindermotor mit 12 PS auf die Beine zu stellen. Aber nicht nur der Motor, sondern auch die beiden Propeller mussten neu entwickelt werden, um mit einem möglichst effizienten Wirkungsgrad genügend Vorschub zu erlangen.

Im Dezember **1903** war es dann soweit. Nach kurzem Anlauf auf einer horizontalen Katapultvorrichtung hob das erste Flugzeug, von Orville gesteuert, mit eigener Motorkraft vom Erdboden ab, blieb zwölf Sekunden in der Luft und legte dabei eine Strecke von 37 m zurück. Während sie sich gegenseitig abwechselten, erreichten die beiden Brüder noch am selben Tag immer größere Weiten. Beim letzten Versuch gelang es Wilbur sogar, binnen einer Minute eine Flugstrecke von 260 m zu bewältigen. Diese zuverlässig dokumentierten Flüge gelten heute als der Beginn des gesteuerten Motorflugs.

Original-Flugzeug der Gebrüder Wright, Kitty Hawk, 1903 (13)

Dieses erste Motorflugzeug, das Orville und Wilbur später **Flyer I** nannten, hatte eine Spannweite von über 12 m und bestand aus Holzleisten und einer Stoffbespannung. Die Kraft des Antriebsmotors wurde mittels Fahrradketten auf die beiden sich gegenläufig drehenden Zweiblatt-Propeller übertragen und sorgte für eine Höchstgeschwindigkeit von annähernd 50 Stundenkilometern. Der Doppeldecker, bei dem sie das Höhenruder vorn und ein doppeltes Seitenruder hinten angebracht hatten, war mit Gleitkufen versehen, um so auf dem sandigen Boden leichter landen zu können.

Nach diesen Anfangsflügen führten die Brüder Wright weitere Tests durch, änderten konstruktive Details und steigerten so kontinuierlich die Flugleistungen ihres Fluggeräts. 1904 verwirklichten sie mit dem Nachfolgemodell Flyer II den ersten kontrollierten Kreisflug und ein Jahr später, mit neuem Rumpf und einem 20 PS-Motor ausgerüstet, mit dem Flyer III die Bewältigung einer Strecke von knapp 40 km in 40 Minuten.

Um einem Diebstahl ihrer Ideen vorzubeugen, gestatteten die Wrights bei ihren frühen Flügen kaum Zuschauer. Zum späteren Beweis zeichneten sie aber vorsorglich ihre motorisierten Flüge und Details ihrer Flugzeuge mit über 300 selbst aufgenommenen Fotos auf. Nachdem aber bisher so gut wie alle Flugversuche unter Ausschluss der Öffentlichkeit stattgefunden hatten, wurden zusehends von anderen Flugpionieren

Zweifel an ihren Erfolgen geäußert. Um dem wachsenden Druck entgegenzuwirken sahen sich die beiden Junggesellen daher gezwungen, jetzt doch ihre Modelle öffentlich vorzuführen und stellten sowohl in den USA als auch in Europa ihre Maschine und ihre Flugkünste zur Schau. Darüber hinaus konnten sie durch mehrfache Flugrekorde ihre Leistungen endgültig einer breiten Öffentlichkeit unter Beweis stellen.

Ab 1906 fanden dann erste Passagierflüge mit jeweils einem Fluggast statt und noch im selben Jahr gewann Wilbur Wright in Frankreich den vom Aero Club de France mit 5.000 Francs dotierten Preis für seinen 48 Kilometer langen, fast einstündigen Flug. Wenige Monate später stellte er mit einer Wegstrecke von 123 Kilometern und einer Flugzeit von über zwei Stunden einen neuen Distanzrekord auf und flog bald darauf zusammen mit einem Passagier länger als eine Stunde, wofür er den Michelin-Cup-Preis und 20.000 Francs in Empfang nehmen durfte.

Unterdessen begann Orville Wright mit Abnahmeflügen für die US-Army. Hier kam es zu einem Absturz aus 30 m Höhe, wodurch ein mitfliegender Offizier zu Tode kam und Orville sich eine Schädelfraktur zuzog.

1909 erreichte der inzwischen wieder genesene Orville Wright bei Potsdam vor einer staunenden Menge mit 275 m einen neuen Höhenweltrekord, nahm sogar Kronprinz Wilhelm auf eine kurze Flugreise mit und bildete den ersten Piloten aus.

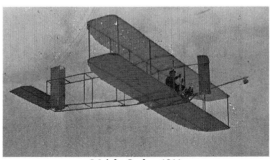

Wright-Segler, 1911
Library of Congress (14)

Ab 1911 kehrten die Brüder Wright wieder zum motorlosen Flug zurück und erprobten bei Kitty Hawk einen neuen Gleiter, mit dem ihnen bald darauf eine Flugdauer von annähernd zehn Minuten gelingen sollte. Dieser Rekord wurde erst 10 Jahre später gebrochen, als sich auf der Wasserkuppe in der Rhön der Segelflug als Sport etabliert hatte.

Parallel zu den Wrights versuchten auch noch andere Flugpioniere, ihre Apparate in die Luft zu bringen. Einer von ihnen war der nach Amerika ausgewanderte **Gustav Weißkopf**, der bereits 1899 einen ersten Motorflug durchgeführt haben soll. Der Überlieferung nach berichteten schon 1901, also gut zwei Jahre vor dem motorisierten Erstflug der Gebrüder Wright, mehrere Zeitungen über einen gewissen Flug einer von Weißkopf ‚Nr. 21' genannten Flugmaschine, die angeblich eine Strecke von einer halben Meile in 50 Fuß Höhe zurücklegte. Allerdings hatte er es versäumt, seine Maschine fliegend fotografieren zu lassen, sodass der Nachwelt keinerlei Dokumente zur Verfügung stehen.

Nach den Erfolgen der Gebrüder Wright erlebte die Luftfahrt einen enormen Aufschwung. Um die Entwicklung der Fliegerei noch weiter anzukurbeln, wurden zahlreiche Wettbewerbe ins Leben gerufen. Zu einem der bedeutendsten gehörte der 1908 von der britischen Boulevardzeitung Daily Mail gestiftete Preis in Höhe von 1.000 Pfund Sterling (ca. 100.000 Euro), der für den ersten gelungenen Flug über den Ärmelkanal ausgeschrieben wurde.

Einer der Bewerber hierfür war der französische Ingenieur und Konstrukteur **Louis Blériot**. Wie schon andere Pioniere vor ihm beschäftigte er sich zu Anfang mit einfachen Flugapparaten und baute neben Gleitern auch Doppeldecker-Flugzeuge. Ab 1908 entwickelte Blériot eine Reihe von motorisierten Eindeckern, in die er sein gesamtes Vermögen investierte. Mit seinem erfolgreichstem Modell, der mit einem 25 PS-Motor ausgestatteten **Blériot XI**, stellte er 1909 einen europäischen Flugdauerrekord von knapp 37 Minuten auf. Noch im selben Jahr bewarb er sich mit dieser Maschine für den Wettbewerb zur Überquerung des ca. 35 km breiten Ärmelkanals zwischen Calais und Dover. Zunächst galten die Wright-Brüder als Favoriten, die sich aber trotz eines in Aussicht gestellten Zusatzbonus in Höhe von 1.500 Dollar gegen eine Teilnahme entschieden, da sie wegen des Risikos eines Scheiterns mit einem Imageschaden für ihre aufstrebende Firma fürchteten.

Neben Blériot beteiligte sich noch der in Frankreich lebende Engländer Hubert Latham, der für die französische Flugzeugfirma Levavasseur als Chefpilot arbeitete. Während die Zeitungen ausführlich über den bevorstehenden Event berichteten, warteten die beiden nur noch auf stabiles Sommerwetter. Im Juli **1909** kam es dann zum Duell der Kontrahenten. Latham startete mit dem von Levavasseur konstruierten Antoinette-IV-Eindecker seinen ersten Versuch, den Ärmelkanal zu überfliegen. Aber schon nach einem Drittel zurückgelegter Strecke versagte der 50 PS starke V8-Motor wegen Überhitzung und zwang ihn zur sanften Notwasserung. Nach diesem Fehlschlag bereitete sich Latham mit einer verbesserten Antoinette VII auf einen neuerlichen Versuch vor.

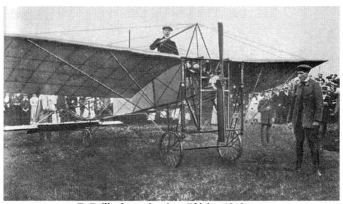
E. Failloubaz mit seiner Blériot, 1910 (15)

Um seinem Rivalen zuvorzukommen entschloss sich Blériot, der eigentlich als klarer Außenseiter ins Rennen gegangen war, im Morgengrauen des 25. Juli kurzerhand zum

Start und erreichte nach einer Flugzeit von knapp 37 Minuten erfolgreich die Küste von Dover. Bei der Landung gingen zwar Fahrwerk und Luftschraube zu Bruch, aber mit dem ausgesetzten Preisgeld waren nun all seine finanziellen Probleme beseitigt. Noch am selben Tag gab es einen Triumphzug durch London und nach seiner Pariser Rückkehr feierte man Blériot als neuen Nationalhelden.

Dieser historische Flug erregte weltweites Aufsehen und leitete einen wahren Flugzeugboom ein. Unmittelbar nach dem Ereignis gingen über 100 Bestellungen für den Typ XI bei Blériot ein, der damit zum kommerziellen Flugzeugunternehmer wurde und innerhalb der nächsten vier Jahre noch weitere 700 Stück absetzen konnte. Diese Verkaufserfolge zusammen mit den zahlreichen Lizenzverträgen machten ihn am Ende zum wohlhabenden Mann.

Neben der Blériot XI war auch die von dem österreichischen Flugpionier und Flugzeugkonstrukteur **Ignaz Etrich** entwickelte **Etrich-II-Taube**, die **1910** ihren Erstflug absolvierte, eines der meistgebauten Motorflugzeuge in dieser Zeit.

Rumpler-Taube nach dem Start, 1913/14
Bundesarchiv, Bild 146-1972-003-64 / CC BY-SA 3.0 (16)

Die Flügelform entwarf er nach dem Vorbild eines Vogels im Gleitflug. Diese gab dem zweisitzigen Flugzeug eine außerordentliche Flugstabilität und war demzufolge auch eine ideale Schulungsmaschine. Ein Jahr später wurde das Flugzeug von den Berliner ‚Rumpler-Werken' in Lizenz unter dem

Namen ‚Rumpler Taube' gebaut und für rund 20.000 Mark verkauft.

Der Chefpilot bei den Rumpler-Werken, Helmuth Hirth, gewann 1911 mit der ‚Taube' den ersten Zuverlässigkeitsflug und den Kathreiner-Preis für die Bewältigung der 540 km langen Strecke von München nach Berlin in knapp sechs Stunden. Auch im Folgejahr ging Hirth aus beinahe allen großen Wettbewerben als Sieger hervor und erreichte mit über 4.400 m sogar einen neuen Höhenweltrekord.

Der Segelflug

Nach Lilienthal und den Wrights geriet der Segelflug durch die rasante Entwicklung der motorbetriebenen Flugzeuge bald in Vergessenheit. Erst nach dem Ersten Weltkrieg entstand in Deutschland, wo der Bau von Motorflugzeugen durch den Versailler Vertrag über Jahre hinweg komplett verboten war, eine regelrechte Segelflugbewegung.

Flugschüler der Kantonsschule Trogen um 1930
Fritz Hunziker, CC BY-SA 3.0 (17)

Zahlreiche Flugbegeisterte, zum Teil Piloten des Ersten Weltkriegs, versammelten sich ab **1919** auf der Wasserkuppe, dem höchsten Berg der Rhön, um hier den Segelflug voranzutreiben. Man erprobte völlig unterschiedliche Konzepte von

Segelflugapparaten sowie Starttechniken wie beispielsweise den Gummiseil- oder Windenstart und befasste sich jetzt auch eingehender mit der Aerodynamik. Innerhalb von nur wenigen Jahren steigerten sich nun auch die Flugleistungen kontinuierlich. 1929 erzielte der Österreicher **Robert Kronfeld** mit einem seiner selbst gebauten Segelflugapparate als erster Mensch einen Strecken-Weltrekord von über 100 km, den er nur Monate später auf fast 165 km steigern konnte. Schließlich gelang ihm ein Jahr danach mit knapp 2.600 m auch der Höhen-Weltrekord. Außerdem überquerte er 1931 als erster Segelflieger den Ärmelkanal in beiden Richtungen.

DG-1000 Doppelsitzer, 2006 (18)

Heutzutage werden mit modernen Hochleistungsseglern Rekorde erzielt, von denen die damaligen Flugpioniere nur träumen konnten. So liegen seit 2003 der Streckenweltrekord bei rund 3.000 km, der Höhenweltrekord bei über 15 km und 2006 wurde mit über 300 km/h ein Geschwindigkeitsrekord erzielt.

Die Anfänge der Hubschrauber

In der Geschichte der Fliegerei ist man sich bis heute nicht ganz einig darüber, wie man die Klassifizierung des ersten Hubschrauberfluges einordnen soll. Sollte man etwa das erste labile Abheben vom Boden, das erste Schweben oder vielleicht den ersten selbständigen Flug als Beginn des Helikopterfluges festlegen? Aus praktischen Gründen beginnen wir also mit der eigentlichen Geschichte der Hubschrauber dort, wo es offiziell gelang, einen Piloten einigermaßen sicher in die Lüfte zu heben.

Die Ära der Hubschrauber, genauer gesagt der bemannten Drehflügler, begann demnach **1907** mit dem französischen Flugzeugkonstrukteur und späteren Mitbegründer der Fluggesellschaft Air France **Louis Charles Breguet**. Dieser baute zusammen mit seinem Bruder und einem gemeinsamen Freund eine Art Quadrocopter, den ‚Gyroplan No.1', der mit einem Mann an Bord etwa 1,5 m über dem Boden schweben konnte. Der Rahmen dieses Fluggeräts bestand aus vier Auslegern in Form einer ausladenden Gitterkonstruktion, auf denen jeweils zwei gegenläufige Doppelrotoren montiert waren. Damit der Hubschrauber aber aufgrund fehlender Steuermöglichkeiten nicht umkippen konnte, mussten ihn bei allen Versuchen engagierte Helfer an den vier Enden festhalten. Dieser Hubschrauberflug war demzufolge also eher ein ‚Hubschrauber-Fesselflug'.

Der erste freie, d. h. völlig ohne jegliche Hilfsmittel auskommende Hubschrauber-Schwebeflug gelang dem französischen Ingenieur und Fahrradfabrikanten **Paul Cornu**.

Cornu Nr. II, circa 1907 (19)

Mit seinem **Cornu Nr. II**, der wegen seines Aussehens auch „Fliegendes Fahrrad" genannt wurde, erreichte er bei dem offiziell dokumentierten Erstflug im November **1907** eine Höhe von etwa 30 cm bei einer Flugzeit von 20 Sekunden. Der 260 kg schwere Hubschrauber war mit einem 24 PS V8-Ottomotor ausgestattet, der mittels Riemen zwei gegenläufige Drehflügel von 6 m Durchmesser antrieb. Beim zweiten Versuch stieg der Hubschrauber dann schon auf eine Höhe von 1,5 m. Es folgten noch weitere Flüge, von denen der längste etwa eine Minute dauerte.

Verglichen mit den Leistungen, die Flächenflugzeuge bereits erzielten, war dies ein bescheidener Anfang und es sollte noch weitere 30 Jahre dauern, bis ein tatsächlich stabil fliegender und nutzbarer Helikopter zum Einsatz kam. Aber zu einer Zeit, als die meisten Menschen den Drehflügler schlicht für unmöglich hielten, war das Fliegende Fahrrad der Startschuss für eine nachhaltige Hubschrauber-Entwicklung. Aufgrund seiner unfallfreien Landung gilt daher der 20-Sekunden-Erst-flug von 1907 als Geburtsstunde des Hubschraubers.

Ein weiterer Pionier in der Hubschrauber-Entwicklung war der Franzose **Étienne Oehmichen**, der **1922** mit seinem **Oehmichen No. 2** den wohl ersten zuverlässig fliegenden und manntragenden Senkrechtstarter konstruierte. Bei diesem frühen **Quadrocopter** konnte der Anstellwinkel der vier Hauptrotoren durch Verschränkung über Seilzüge verändert werden. Zur Stabilisierung und Steuerung sowie für den Vortrieb dienten acht am Chassis angebrachte Propeller.

Étienne Oehmichen Helikopter No. 2, 1923-1924 (20)

Bei seinen ersten Versuchsflügen erreichte Oehmichen Flughöhen von bis zu drei Metern und konnte bei einer Flugdauer von etwa 2 ½ Minuten sogar schon eine Strecke von ca. 90 m zurückgelegen. 1924 bestückte er den etwa 850 kg schweren Quadrocopter mit einem 180 PS-Motor, wodurch er jetzt Höhen von bis zu 8 Metern erzielte und noch im selben Jahr gelang es ihm, einen etwa 1 km langen, geschlossenen Kreisflug vorzuführen, wofür er mit einem Preisgeld in Höhe von 10.000 Francs bedacht wurde.

Raúl Pateras Pescara, ein in Frankreich lebender argentinischer Luftfahrtpionier und Erfinder, entwickelte ebenfalls eine Reihe von Hubschraubern, die erstmals mit sog. ‚Koaxial-Rotoren' betrieben wurden. Bei einem Koaxial-System drehen sich die Rotorpaare auf der Rotorwelle entgegengesetzt, sodass sich dadurch die von ihnen erzeugten Drehmomente aufheben.

Mit seinem dritten und erfolgreichsten Modell, dem **Pescara No. 3**, legte er **1924** in der Nähe von Paris eine Entfernung von rund 740 m zurück und übertraf damit den zuvor von Oehmichen aufgestellten Weltrekord um das Doppelte. Bei einer Höhe von etwa zwei Metern und einer Geschwindigkeit von 13 km/h betrug die Flugzeit zunächst etwas über 4 Minuten, die er bald darauf auf mehr als 10 Minuten ausdehnen konnte.

Der Pescara '4S' von 1929 mit einem 40 PS-Motor (21)

Den Vortrieb des Hubschraubers erzeugte er nicht durch klassische Propeller, sondern durch eine kippbar gelagerte Rotorachse, die das Manövrieren des Geräts in jede gewünschte Richtung erlaubte. Außerdem brachte er es fertig, den Anstellwinkel aller 16 Rotorblätter gleichzeitig variabel zu verändern. Damit hatte er die ‚kollektive Pitch-Steuerung' erfunden, die für das Heben und Senken eines Helikopters verantwortlich ist und noch heute in allen Hubschraubern ihre Anwendung findet.

Einen weiteren bedeutenden Beitrag zur Hubschrauberentwicklung lieferte der spanische Ingenieur **Juan de la Cierva**. Als er in einem von ihm konstruierten Flächenflugzeug infolge eines Strömungsabrisses abgestürzt war, machte er sich Gedanken darüber, wie solcherlei Unfälle in Zukunft vermieden werden könnten. Daraufhin beschäftigte er sich intensiv mit möglichen Alternativen und stieß dabei auf die Aufzeichnungen des Mallorquiner Erfinders Pere de Son Gall, der sich schon früher mit ‚rotierenden Flügeln' auseinandergesetzt hatte. Die Erkenntnisse hieraus übernahm er nun dazu, die Tragflächen eines Flugzeugs durch einen Rotor zu ersetzen. Der Grundgedanke dahinter war, dass bei sich schnell drehenden Rotorblättern niemals ein Strömungsabriss eintreten konnte. 1920 ließ er das so entstandene und heute mit **Tragschrauber** bzw. **Gyrocopter** bezeichnete Fluggerät im Patentregister unter dem Namen ‚Autogiro' (span.: auto = selbst, giro = Drehung) eintragen.

Das Funktionsprinzip:

Ein Tragschrauber ist ein Drehflügler, der die Eigenschaften eines konventionellen Flugzeuges mit denen des Hubschraubers vereint. Allerdings wird hierbei der Rotor nicht über ein Triebwerk, sondern durch den anströmenden Fahrtwind in Drehung versetzt. Der Auftrieb ergibt sich dann durch die nach hinten geneigte Rotorebene, sodass der Gyrocopter sich in einer fortwährenden sog. ‚Autorotation' befindet. Der Vorschub erfolgt genauso wie bei einem Starrflügelflugzeug mittels Propellerantrieb.

Cierva C.6 von 1930
Bundesarchiv, Bild 102-10462, CC-BY-SA 3.0 (22)

Bei seinen ersten beiden Prototypen hatte de la Cierva mit erheblichen Schwierigkeiten zu kämpfen, denn durch die starre Verbindung zwischen Rotorkopf und Rotorblättern war der Tragschrauber höchst instabil und somit kaum beherrschbar.

Dieses Problem löste er durch eine geniale Erfindung, indem er die Rotorblätter über sog. ‚Schlaggelenke' beweglich mit dem Rotorkopf verband und so den unterschiedlichen Auftrieb zwischen dem vor- und rücklaufenden Blatt ausgleichen konnte. Diese Stabilisierungsmethode ließ er sich **1923** patentieren und setzte sie erstmals in seinem C.4, dem ersten solide fliegenden Gyrocopter ein.

In den folgenden Jahren entwickelte de la Cierva noch weitere verbesserte Autogiros und präsentierte 1924 auf dem Aerosalon in Paris seinen **C.40**. Mit diesem Modell erreichte er eine Reisegeschwindigkeit von 230 km/h sowie eine Reichweite von über 500 Kilometern und erregte mit dem als „Windmühlen-Flugzeug" genannten Gerät überall großes Aufsehen.

Bis 1938 baute die deutsche Firma Focke-Wulf in Lizenz insgesamt 43 Tragschrauber des Typs Cierva C.30. Unter dem Namen „Heuschrecke" bekannt geworden, wurde diese Maschine in viele europäische Länder und sogar bis nach Australien und Japan exportiert.

Juan de la Cierva, der mit zahlreichen Auszeichnungen und Ehrungen bedacht wurde, starb im Alter von 41 Jahren beim Absturz eines Linienflugzeugs in der Nähe von London.

moderner AutoGyro
Frank Schwichtenberg, CC-BY 3.0 (23)

Heutzutage werden Tragschrauber vor allem von Hobbypiloten geflogen, bei denen sie wegen ihres relativ niedrigen

Anschaffungspreises und der geringen Betriebskosten beliebt sind.

Der Beginn der Passagierluftfahrt

Zu Beginn des 20. Jhs. waren die Flugleistungen der bis dahin gebauten Flugzeuge noch nicht ausreichend genug, um mit ihnen Passagiere in größerem Umfang befördern zu können. Dies änderte sich **1913**, als der ukrainische Pilot und Luftfahrt-Chefingenieur des größten russischen Industriekonglomerats ‚Russo-Balt' **Igor Iwanowitsch Sikorski** die ersten viermotorigen Flugzeuge konstruierte.

Sikorsky S-21 Russky Vityaz (Le Grand), (24)

Seine **Russki Witjas**, ein großer viermotoriger Doppeldecker mit 27 m Spannweite, der aus Fichten-, Kiefern- und Eschenholz aufgebaut war, gilt als einer der Meilensteine der Luftfahrtgeschichte, denn dieses erste reine Passagierflugzeug der Welt gab den Anstoß für den darauffolgenden globalen Passagierluftverkehr.

Ihr Nachfolger, die 1914 gebaute **Ilja Muromez**, hatte einen separaten Salon für 16 Passagiere, komfortable Sessel sowie einen Schlaf- und einen Waschraum. Mit solchen Großflugzeugen konnte Sikorski unter Beweis stellen, dass sie in der Lage waren, sicher und stabil zu fliegen, selbst wenn ein oder zwei Motoren ausgefallen waren – eine der wichtigsten Voraussetzungen bei der Passagierbeförderung.

Der in Nordrhein-Westfalen geborene **Hugo Junkers** war nach seinem Maschinenbaustudium zunächst als Konstrukteur in diversen Firmen tätig, wo er zusammen mit anderen den ersten Zweitakt-Gegenkolben-Gasmotor konstruierte. 1894 meldete Junkers seinen ersten Gasbadeofen zum Patent an und entwickelte diesen zum Durchlauferhitzer weiter. Zur wirtschaftlichen Auswertung seiner Patente baute er ein Jahr danach mit einem Kapitalgeber die ‚Junkers & Co.' in Dessau auf und finanzierte mit den Einnahmen aus der Boiler-Produktion die Entwicklung und den Bau seiner Flugzeuge.

Ab dem Jahr 1908 experimentierte er mit Flügeln in Metallbauweise und ließ sich 1910 den ‚Metallflügel' patentieren. Drei Jahre später gründete er das Unternehmen ‚Junkers Motorenbau GmbH' und konstruierte hier das erste Ganzmetall-Flugzeug mit der Bezeichnung J 1.

Junkers F 13 (25)

1919 kam mit der **Junkers F 13** das erste Ganzmetall-Verkehrsflugzeug auf den Markt, dessen Konstruktionsprinzipien sich für die nachfolgenden Flugzeuggenerationen als richtungweisend ergeben sollten. Die F 13, ein freitragender, einmotoriger Tiefdecker mit Wellblechbeplankung, bot in einer geschlossenen und beheizbaren Kabine Platz für vier Passagiere, während die Piloten anfangs noch im Freien sitzen mussten. Um den Anforderungen nach einer höheren Reisegeschwindigkeit und größerer Reichweite gerecht zu werden, wurde die Motorleistung schrittweise auf bis zu 570 PS gesteigert. Insgesamt wurden von der F 13 bis 1932 etwa 320 Maschinen gebaut, von denen rund 110 in Deutschland zugelassen waren.

1921 baute er mit der ‚Junkers Luftverkehr AG' eine eigene Fluglinie auf, die 5 Jahre später in die ‚Deutsche Luft Hansa' überging und deren Flotte danach fast zur Hälfte aus Junkers-Flugzeugen bestand.

In den nächsten Jahren produzierte Hugo Junkers noch zahlreiche andere Flugzeugmodelle wie z. B. das erste dreimotorige Flugzeug G 23 und die **W 33**, mit der 1928 der erste Transatlantikflug von Ost nach West durchgeführt wurde.

Vor dem Hintergrund der Weltwirtschaftskrise 1929 geriet Junkers in finanzielle Schwierigkeiten und musste für seine gesamte Firmengruppe Insolvenz anmelden. Im Verlauf des Abwicklungsverfahrens übernahm daraufhin die Robert Bosch GmbH 1932 den Wärmetechnikbereich Junkers & Co. Durch diesen Verkauf war er jetzt wenigstens in der Lage, seine Flugzeugwerke zu retten und konnte auf diese Weise noch im selben Jahr die legendäre **Ju 52**, das damals meistgebaute Flugzeug, herstellen.

Nach seinem Tod wurden die Junkers Motorenbau GmbH und die Junkers Flugzeugwerke AG von den Machthabern des Dritten Reiches 1936 zur ‚Junkers Flugzeug- und Motorenwerke AG' fusioniert und im Zuge der Aufrüstung der Wehrmacht zu einem der größten deutschen Rüstungskonzerne ausgebaut. Unter staatlicher Regie entstanden hier u. a. das mit Knickflügeln ausgestattete **Sturzkampfflugzeug** (Stuka) **Ju 87** und der **Sturzkampfbomber Ju 88**.

Bis 1945 verließen insgesamt über 30.000 Maschinen verschiedenster Typen die Junkers-Werke.

Die ersten Langstreckenflüge

Eine gewaltige Herausforderung nach dem Ersten Weltkrieg waren die Langstreckenflüge und in diesem Zusammenhang insbesondere der Flug über den Atlantik, denn die Verbindung der Alten und Neuen Welt bot für die Luftverkehrsgesellschaften auf beiden Seiten des Großen Teichs den wirtschaftlich lukrativsten Einsatz ihrer Flugzeuge.

Die erste Nonstop-Atlantiküberquerung von Amerika nach Europa glückte 1919 den britischen Fliegern John Alcock und Arthur Whitten Brown. Ihr Flugzeug war ein zweimotoriger modifizierter Bomber vom Typ Vickers Vimy IV mit offenem Cockpit. Von Neufundland aus startend bewältigten sie die ca. 3.700 km lange Strecke in etwas mehr als 16 Stunden und mussten, nachdem sie in ein Gewitter mit Hagel und Schnee geraten waren, in einem Torfmoor in Irland notlanden.

Den ersten **Nonstop-Alleinflug** über den atlantischen Ozean schaffte hingegen **1927** der Amerikaner **Charles Lindbergh**. Ihm gelang im Alter von 25 Jahren mit seinem Flugzeug ‚Ryan NYP' mit dem Namen ‚Spirit of St. Louis' die erste Alleinüberquerung von New York nach Paris ohne Zwischenlandung, wodurch er zu einer der bekanntesten Persönlichkeiten der Luftfahrt wurde.

Lindbergh, der sich bis dahin mit Postflügen seinen Lebensunterhalt verdiente, hatte sich zum Ziel gesetzt, den Sprung über den Atlantik im Alleingang bezwingen zu wollen. Finanziell unterstützt von wohlhabenden Gönnern kontaktierte er im Februar 1927 den kleinen und ziemlich unbedeutenden Flugzeughersteller ‚Ryan Airlines' in San Diego und fragte dort an, ob man ihm eine einmotorige Maschine für diese gewaltige Strecke bauen könne. Ryan nahm die Herausforderung an und stellte das Flugzeug in nur zwei Monaten Entwicklungs- und Bauzeit her. Aus Gewichtsgründen verzichtete Lindbergh zugunsten maximaler Treibstoffzuladung auf Fallschirm, Funkgerät und Sextant und beschränkte sich lediglich auf Armbanduhr, Karten und einen Kompass. Trotz dieser Minimalausstattung brachte er es zustande, über New York, der Halbinsel Nova Scotia und Neufundland nach Überwindung etlicher Müdigkeitsattacken Irland und damit den europäischen Kontinent mit nur 5 Kilometer Kursabweichung zu erreichen. Danach flog er an den Küsten Südenglands entlang und schließlich über den Ärmelkanal nach Frankreich. Hier landete er nach 33 ½ Stunden in der Nacht des 21. Mai unter dem Jubel einer begeisterten Menschenmenge auf dem Flughafen Le Bourget in Paris.

Charles Lindbergh, 1927 (26)

Mit diesem Überflug gewann er den schon seit 1919 von dem gebürtigen Franzosen und New Yorker Hotelbesitzer Raymond Orteig ausgesetzten Orteig-Prize. Das Preisgeld in Höhe von 25.000 US-Dollar (heute etwa 270.000 Euro) sollte derjenige bekommen, der als erster Mensch nonstop von New York nach Paris oder umgekehrt fliegen würde. Auf der Jagd nach dem Preis hatten schon vor Lindbergh andere Piloten diese höchst riskante Überquerung des Atlantiks versucht und dabei ihr Leben verloren. Als „Fliegender Narr" von Amerikas Presse bezeichnet, fand nach seiner Rückkehr zu seinen Ehren in New York eine Konfettiparade riesigen Ausmaßes statt und machte Charles Lindbergh über Nacht zum amerikanischen Nationalhelden.

Flugboote

Nach weiteren Versuchen, den Atlantik mit kleineren Maschinen zu überqueren, ging man jetzt daran, diese enorme Strecke auch mit Großflugzeugen bewältigen zu wollen. Zwar war zu jener Zeit der Atlantik-Personenluftverkehr nach wie vor noch den Zeppelinen vorbehalten, doch gegen Ende der 20er Jahre entschloss man sich, gigantische Flugboote zu bauen, mit denen man einerseits viele Passagiere befördern konnte und mit denen andererseits im Notfall zumindest eine Landung auf dem Wasser möglich war. Die bekanntesten Vertreter dieses neuen Flugzeugtyps waren die Dornier Do X und die Boeing 314.

Do X
Bundesarchiv, Bild 102-12963, CC-BY-SA 3.0 (27)

Die **Do X** war als hochseetüchtiges Verkehrsflugschiff mit einer Flügelspannweite von 48 m das damals größte Flugzeug der Welt. Es wurde **1929** von dem deutschen Konstrukteur **Claude Dornier** in den Friedrichshafener Dornier-Werken gebaut und war zu Beginn mit zwölf Motoren von je 525 PS in sechs Triebwerksgondeln über den Tragflächen bestückt. Diese in Tandem-Konfiguration angeordneten Motoren mit Zug- und Druckpropellern brachten das Flugboot auf eine Geschwindigkeit von maximal 210 km/h. Der Luxusflieger war mit Salon, Küche und Speiseraum ausgestattet und konnte 66 Fluggäste mit auf die Reise nehmen.

1930 startete der Riese vom Bodensee aus zu einer zweijährigen Werbekampagne durch Europa und flog anschließend über Brasilien und der Karibik nach New York. Wo immer die Do X landete, wurde sie von Tausenden von Neugierigen bejubelt. Nur kaufen wollte das fliegende Schiff trotz seiner 38.000 km langen Werbetour niemand. Zu guter Letzt konnten aber dann doch noch zwei Maschinen an das italienische Luftfahrtministerium abgesetzt werden.

1933 wurde das Projekt aufgrund seiner unzureichenden Wirtschaftlichkeit sowie diverser Sicherheitsmängel und letztlich auch wegen seiner mangelnden militärischen Eignung eingestellt.

Boeing 314 "Clipper", ca. 1941
Library of Congress (28)

Die **Boeing 314** ‚Clipper' war ein Flugboot mit ähnlichen Ausmaßen wie die Do X und wurde ab **1938** produziert. Der Ganzmetall-Schulterdecker, angetrieben von 4 luftgekühlten 14-Zylinder-Sternmotoren á 1.600 PS, konnte eine Höchstgeschwindigkeit von über 300 km/h erreichen. Zwölf dieser Giganten wurden für Pan American World Airways gebaut, die sie für Flüge über den Atlantik und den Pazifik einsetzten. Die PanAm Clipper waren sehr luxuriös eingerichtet und hatten einen Aufenthaltsraum, in dem die von 4-Sterne-Köchen zubereiteten Mahlzeiten serviert wurden. Die 74 Passagiersitze konnten sogar in 40 Kojen für Nachtreisen umfunktioniert werden. Diese feudale Art des Reisens hatte natürlich ihren Preis. So kostete der 24-stündige Überseeflug von der englischen Hafenstadt Southampton nach New York umgerechnet etwa 9.500 Euro.

William Edward Boeing war der Sohn des deutschen Bergbau-Ingenieurs Wilhelm Böing, der als 22-jähriger seine Heimatstadt Limburg verließ und nach Amerika auswanderte, wo er es mit Bauholzhandel zu beträchtlichem Reichtum brachte. Hier erwarb sich der junge William Kenntnisse über Aufbau und Struktur des Holzes, die ihm später bei der Flugzeugherstellung sehr nützlich werden sollten. Als Chef einer Firma, die mit Bootsentwürfen experimentierte, begann Boeing **1915** mit dem Bau eines Wasserflugzeugs. Ein Jahr danach gründete er eine Flugzeugfabrik, die ‚Boeing Airplane Company‘, die schon bald durch einen lukrativen Auftrag der Navy für 50 Flugzeuge den entscheidenden Aufschwung erfuhr. 1927 gründete er mit der ‚Boeing Air Transport‘ seine eigene Fluglinie, für die er weitere Regional-Airlines und Postfluglinien aufkaufte. Zwei Jahre später fusionierte Boeing mit dem Triebwerkshersteller Pratt & Whitney und einigen Flugzeugherstellern zur ‚United Aircraft and Transport Corporation‘, aus der die Fluglinie ‚United Airlines‘ hervorging. Doch nach diversen Monopolstreitigkeiten, die zu einer Aufsplitterung seines Unternehmens führten, zog sich William Boeing 1934 frustriert aus dem Fluggeschäft zurück und widmete sich fortan wieder dem Holzhandel.

Die von William E. Boeing gegründeten Firmen entwickelten sich im Laufe der Zeit zu den bedeutendsten Unternehmen der Luftfahrtindustrie. So ist die ‚Boeing Airplane Company‘ heute der größte Hersteller von Flugzeugen in den USA und ‚United Airlines‘ ist, gemessen an den Passagierkilometern, zur mächtigsten Fluggesellschaft der Erde aufgestiegen.

Landgestützte Verkehrsflugzeuge

Die **Junkers Ju 52** war ursprünglich als einmotoriges Frachtflugzeug konzipiert worden, das wegen seiner Kurzlandefähigkeit in Gegenden mit schlechter Infrastruktur große Frachtmengen befördern sollte. Zwar hatte man in den Planungen schon eine dreimotorige Variante mit der Bezeichnung **Ju 52/3m** als Verkehrsflugzeug vorgesehen, letztlich wurde sie aber doch erst auf Druck der ‚Deutschen Luft Hansa' in das Bauprogramm mit aufgenommen.

Die Ju52/3m hatte eine Flügelspannweite von knapp 30 m, erreichte eine Höchstgeschwindigkeit von annähernd 300 km/h und überzeugte vor allem durch ihre niedrige Landegeschwindigkeit. Charakteristisch war neben den drei bis zu 750 PS starken 9-Zylinder-Stern-motoren von BMW auch die meist bei Junkers-Flug-zeugen übliche Wellblechbeplankung.

Nach ihrem Erstflug **1932** wurden innerhalb von 20 Jahren in Deutschland und bei verschiedenen Lizenznehmern in aller Welt insgesamt fast 5.000 Maschinen dieses Typs in Serie hergestellt.

Junkers Ju 52/3m
Rror, CC BY-SA 3.0 (29)

Die Ju 52 war nicht nur bei den Militärs beliebt, sondern auch die Fluggesellschaften schätzten ihre Robustheit, Wartungsfreundlichkeit und Zuverlässigkeit, sodass sie in den 1930er Jahren zum Standardflugzeug avancierte. Als Passagierflugzeug, das auch schwierigste Strecken über die Alpen oder über die Anden meisterte, kam sie weltweit bei 30 Fluglinien zum Einsatz. 1938 wurden etwa 75 % des gesamten Luftverkehrs mit der Ju 52/3m realisiert. In vielen Maschinen gab es in der beheizbaren Kabine bald statt der bis dahin oft üblichen Korbsessel richtige Ledersitze, wobei der Bordservice für die maximal 17 Passagiere ausschließlich von männlichen Stewards durchgeführt wurde.

Von der Junkers Ju 52/3m wurden fast unüberschaubar viele Varianten gebaut. Sie prägte den zivilen Luftverkehr wie nur wenige andere Flugzeuge und ist so zu einem der berühmtesten Flugzeuge geworden. Einige der im Volksmund als „Tante Ju" betitelten Ju 52/3m sind bis heute erhalten geblieben, befinden sich in Museen auf der ganzen Welt oder werden an öffentlichen Plätzen ausgestellt und sind nach wie vor für Oldtimer-Rundflüge im Einsatz.

Eine ernstzunehmende Konkurrenz bekam die Junkers Ju 52/3m ab Ende **1935** von der amerikanischen **Douglas DC-3**, die mit einer etwa doppelt so hohen Passagierkapazität deutlich wirtschaftlicher war und durch ihre moderne Bauweise mit Glattblechbeplankung nebst Einziehfahrwerk und einer Reichweite von 2.500 km auch die Flugleistungen der Tante Ju deutlich übertraf. Der freitragende Tiefdecker erreichte mit seinen beiden 14-Zylinder Doppelsternmotoren eine Höchstgeschwindigkeit von annähernd 350 km/h. Bei der ‚Douglas Aircraft Company' in Kalifornien produziert, bestritt die DC-3 vor dem Zweiten Weltkrieg den größten Teil des gesamten Flugverkehrs in den USA und kam während des Krieges auch als Transporter sowie als Schlepp- und Sanitätsflugzeug zum Einsatz.

Mit etwa 16.000 hergestellten Exemplaren war die DC-3 zwischen 1930 und 1950 das meistgebaute Verkehrsflugzeug der Welt und stand der Ju 52 in puncto Zuverlässigkeit und Sicherheit in nichts nach.

Einen hohen Bekanntheitsgrad in Deutschland erlangte eine Militärversion der DC-3, die C-47 ‚Skytrain', die während der Berliner Luftbrücke eine wichtige Rolle spielte. Die als „Rosinenbomber" gefeierten Flugzeuge wurden eingesetzt, um West-Berlin bis zum Ende der sowjetischen Besatzungsblockade 1949 mit Lebensmitteln und anderen lebenswichtigen Hilfsgütern zu versorgen. Durch ein ausgeklügeltes Hin- und Rückflugsystem machten es die amerikanischen Verbündeten möglich, dass alle 3 Minuten ein Flugzeug in Berlin landen und starten konnte.

Douglas C-47 Skytrain, 1940 (30)

Nach dem Krieg überfluteten tausende C-47 und andere militärische Varianten den zivilen Markt und fanden bei Luftfahrtgesellschaften in aller Welt für den Passagier- und Frachttransport oder für sonstige Aufgaben reißenden Absatz. Sogar heute noch wird dieser Klassiker der Luftfahrt in Südamerika und Afrika alltäglich im Liniendienst verwendet bzw. als Transportflugzeug genutzt.

Der militärische Flugzeugbau

In den 30er Jahren machte der Flugzeugbau auch im militärischen Bereich enorme Fortschritte. Die Doppeldecker verschwanden und stattdessen tauchten schnelle und schnittige Eindecker auf, die mit aller damals verfügbaren Technik ausgestattet waren. Zwei davon stachen aus der Masse der Flugzeuge besonders hervor: Die Messerschmitt Bf 109 und die Focke-Wulf Fw 190.

Die **Messerschmitt Bf 109** war ein einsitziges Jagdflugzeug und gehörte zu einer neuen Generation von freitragenden Tiefdeckern, die durch eine geschlossene Pilotenkanzel, Einziehfahrwerk und einer Ganzmetallkonstruktion aufwarten konnte. Die Entwurfsarbeiten begannen 1934 unter der Leitung von **Willy Messerschmitt**, der schon während seines Studiums an der Technischen Hochschule München in den 20er Jahren die ‚Messerschmitt Flugzeugbau GmbH' gegründet hatte, dort Segel- und Sportflugzeuge entwickelte und mit einer seiner Konstruktionen sogar einen Segelflug-Wettbewerb in der Rhön gewann. Ab 1926 arbeitete seine Firma mit den ‚Bayerischen Flugzeugwerken AG' (Kürzel: Bf) zusammen, wo er als Mitglied des Vorstands auch die Position des Chefkonstrukteurs innehatte.

Zwei Jahre nach dem Jungfernflug der Bf 109 **1935** wurden die ersten Serienmaschinen nach vielen Tests in die Jagdverbände der deutschen Luftwaffe eingegliedert, wobei die 12-Zylinder-Triebwerke von bis zu 1.800 PS für eine Geschwindigkeit von maximal 700 km/h sorgten.

Je nach Baureihe kam es zu unterschiedlichsten Bewaffnungen. Beispielsweise zwei MG über dem Motor und/oder zwei MG bzw. 20 mm-Kanonen in oder unter den Tragflächen und manchmal noch zusätzlich ein MG, das durch die hohle Luftschraubennabe feuern konnte.

BF109E Messerschmitt
D. Miller, CC-BY (31)

Zusammen mit der Focke-Wulf Fw 190 war die Bf 109 bis zum Ende des Zweiten Weltkriegs das Standardjagdflugzeug der deutschen Luftwaffe, das auch bei zahlreichen Luftstreitkräften anderer Länder zum Einsatz kam. Mit über 33.000 Maschinen sind die Bf 109 und die sowjetische Iljuschin Il-2 die meistgebauten Flugzeuge aller Zeiten.

Nachdem die ‚Bayerische Flugzeugwerke AG' als Folge der Weltwirtschaftskrise in Konkurs ging, kaufte Messerschmitt 1938 das Unternehmen auf und fusionierte es mit seiner eigenen Firma zur ‚Messerschmitt AG' mit Sitz in Augsburg. Seine nach diesem Zusammenschluss entwickelten Flugzeuge erhielten von nun an das Kürzel ‚Me'.

Die **Focke-Wulf Fw 190** war neben der Messerschmitt Bf 109 ebenfalls ein in Großserie gebautes Jagdflugzeug der deutschen Luftwaffe. Die bei der ‚Focke-Wulf-Flugzeugbau AG' in Bremen entstandene Maschine wurde ab 1941 als zweiter Standardjäger eingesetzt. Der einsitzige, freitragende Tiefdecker in Ganzmetall-Bauweise hatte ein elektrisch betriebenes Hauptfahrwerk, das an den Flügelholmen aufgehängt war und nach innen einklappte. Durch diese Anordnung wies das Fahrwerk eine große Spurweite auf, die das hohe Drehmoment des Motors beim Start besser abfangen konnte und die Maschine nach der Landung stabiler rollen ließ.

Die meisten dieser Flugzeuge wurden von einem luftgekühlten 14-Zylinder-Doppelsternmotor mit 1.700 PS angetrieben, denn dieser war wegen der fehlenden Wasserkühlung unempfindlicher gegen Beschuss. In späteren Versionen fanden aber auch leistungsstärkere flüssigkeitsgekühlte 12-Zylinder V-Motoren Anwendung. Mit diesen Antrieben, die wegen ihrer Größe eine ‚Langnasen'-Version der Zelle erforderlich machten, konnte nun bei einer Reichweite von über 800 Kilometern eine Höchstgeschwindigkeit von etwa 700 km/h erreicht werden.

Als Bewaffnung dienten je nach Typ beispielsweise zwei MG über dem Motor, manchmal zwei MG synchronisiert durch den Propellerkreis schießend und/oder zwei MG bzw. 20 mm-Kanonen in den äußeren Flügeln.

Focke-Wulf Fw 190D-9 (32)

Die Focke-Wulf **Fw 190 D-9** Langnase kam ab 1943 in den Truppendienst und war eines der leistungsstärksten Jagdflugzeuge des Zweiten Weltkriegs, das schneller und manövrierfähiger als jedes Flugzeug der alliierten Streitkräfte war.

Insgesamt wurden von der Fw 190 bis zum Kriegsende annähernd 20.000 Exemplare in verschiedenen Ausführungen produziert.

Die weitere Entwicklung des Helikopters

In der Hubschrauberszene war es seit den 20er Jahren merklich still geworden, bis 1935 erneut ein Drehflügler die Luftfahrtbühne betrat.

Der Franzose **Louis Charles Breguet**, der schon um 1907 mit Hubschraubern experimentiert und sich zwischenzeitlich mit Flugzeugen beschäftigt hatte, meldete ab 1929 eine Reihe von Patenten für die Flugstabilisierung von Tragschraubern an. Danach gründete er zusammen mit Rene Dorand das ‚Syndicat d'Etudes du Gyroplane' (= Zusammenschluss für Tragschrauber-Studien), dessen Ziel es war, einen experimentellen Hubschrauber mit gegenläufigen Koaxialrotoren zu entwickeln.

Gyroplane-Laboratoire von Breguet/Dorand, 1933 (35)

Der **Gyroplane-Laboratoire** bestand aus einem kreuzförmigen Stahlrohrrahmen und einem Heckausleger, an dem ein Sperrholz-Leitwerk befestigt war. Der Antrieb erfolgte über einen 240 PS-Sternmotor, der mittels Getriebe die beiden Koaxialrotoren antrieb.

Neuartig an diesem Hubschrauber war die erstmals eingeführte ‚zyklische Blattverstellung', mit der nun Bewegungen um die Nick- und Roll-Achse umgesetzt werden konnten. Das Steigen und Sinken des Fluggeräts wurde durch unterschiedliche Drehzahlen des Motors erreicht. **1935** fand der Erstflug statt und brach innerhalb kurzer Zeit alle bisherigen Flugrekorde.

Dieser erste, über längere Zeit stabil fliegende Hubschrauber kam allerdings über das Versuchsstadium nicht hinaus. 1943 wurde der einzige Prototyp bei einer alliierten Luftattacke auf einem französischen Flughafen zerstört.

Der Flugzeugkonstrukteur **Henrich Focke** sammelte anfangs mit den in seiner Firma in Lizenz gebauten Cierva-Tragschraubern Praxiserfahrungen und begann dann ab 1931, eigene Drehflügler zu entwickeln. Nach eingehenden Studien entschied er sich für die Verwendung von zwei gegenläufig drehenden Rotoren, die er auf beiden Seiten eines Flugzeugrumpfes auf Auslegern montierte. 1935/36 erhielt Focke vom Reichsluftfahrtministerium den Auftrag zum Bau zweier Prototypen, die er mit Fw 61 V1 und Fw 61 V2 bezeichnete. Für die beiden Hubschrauber übernahm er der Einfachheit halber den Rumpf von einem Flächenflugzeug, das nur geringfügig abgeändert wurde. Auf den seitlichen Stahlrohr-Auslegern befestigte er je einen dreiblättrigen Rotor, die beide sowohl zyklisch als auch kollektiv verstellt werden konnten. Angetrieben wurden sie von einem 7-Zylinder-Sternmotor mit 160 PS. **1936** hob die **Fw 61 V1** zum ersten Mal senkrecht ab und übertraf mit ihrer guten Steuerbarkeit und ihrem stabilen Flugverhalten alles bisher Dagewesene. Der erste wirklich funktionstüchtige und gebrauchsfähige Hubschrauber war geboren.

Hanna Reitsch fliegt mit der Fw 61 V2 - CC BY-SA 2.5 (36)

Der inzwischen ebenfalls fertig gewordene 2. Prototyp **Fw 61 V2** startete **1937** zu seinem Erstflug. Mit ihm gelangen nicht nur die erste Autorotationslandung bei abgestelltem Motor, sondern auch eine Reihe neuer Weltrekorde. So erreichte die Fw 61 V2 erstmalig eine Höhe von rund 2,4 km, eine Flugzeit von 1 h 20 min, eine Geschwindigkeit von rund 120 km/h und eine Flugstrecke von über 80 km, die ein Jahr später noch auf 230 km gesteigert werden konnte.

Noch im selben Jahr zwangen Focke permanente Unstimmigkeiten zum Ausstieg aus seinem Unternehmen, woraufhin er zusammen mit seinem Chefpilot, dem deutschen Kunstflugmeister Gerd Achgelis, die ‚Focke-Achgelis und Co. GmbH' ins Leben rief. Die weitere Betreuung der beiden Hubschrauber Fw 61 V1 und V2 ging damit auf die neue Firma über.

1938 wurde bei Focke-Achgelis ein zweisitziger, vollständig verglaster Transporthubschrauber entwickelt, der die Musterbezeichnung **Fa 223** erhielt. Bei diesem Hubschrauber kam zum ersten Mal die heute noch übliche kugelgelagerte Taumelscheibe zum Einsatz, mit der die Steuereingaben des Piloten direkt auf die Rotorblätter übertragen werden.

Anton Flettner, ein deutscher Ingenieur und Erfinder, konstruierte 1938 mit Unterstützung der Kriegsmarine einen neuartigen Hubschrauber, bei dem er das Problem des Drehmomentausgleichs durch zwei gegenläufige, ineinander kämmende Rotoren löste. Als Antrieb verwendete er einen luftgekühlten 7-Zylinder-Stern-motor mit 160 PS, der eine Maximalgeschwindigkeit von 140 km/h erlaubte.

Flettner Fl 265 Modell im Maßstab 1:4,6
Cornu1907, CC BY-SA 4.0 (37)

Der mit **Fl 265** bezeichnete einsitzige Hubschrauber hatte noch ein weiteres Novum aufzuweisen, denn bei ihm konnte man erstmals individuell im Flug zwischen zwei Betriebszuständen umschalten: Dem Hubschrauber- und dem Tragschrauber-Modus. Damit war es möglich geworden, das Fluggerät sowohl als Hubschrauber als auch als Tragschrauber zu verwenden. **1939** absolvierte der Fl 265 seinen Jungfernflug und galt aufgrund seiner Zwitter-Funktion als sicherster Hubschrauber in jener Zeit.

Zu den bedeutendsten amerikanischen Luftfahrt-Konstrukteuren gehört der gebürtige Ukrainer **Igor Sikorsky**, der sich schon in Russland einige Jahre vor seiner Auswanderung in die USA mit Großflugzeugen einen Namen gemacht und dort auch mit Hubschraubern experimentiert hatte. In Amerika gründete er gleich zu Beginn eine Firma, die sich auf den Bau riesiger Flugboote spezialisierte. Danach fusionierte er sein Unternehmen mit dem Flugzeughersteller Vought zur ‚Vought Sikorsky Aircraft' und wandte sich nun speziell den Drehflüglern zu.

In den 30er Jahren entwickelte er mit der **VS-300** einen Hubschrauber, den er zunächst mit einem Hauptrotor und drei an einem Heckausleger angebrachten kleineren Rotoren für den Drehmomentausgleich ausrüstete. Danach verbesserte er diesen Prototyp und stattete das Modell am Ende mit nur noch einem Heckrotor aus.

Igor Sikorski in der letzten Version der VS-300, 1941 (39)

1940 erfolgte schließlich nach jahrelanger Entwicklungszeit der erste freie Flug. Der VS-300 verfügte über einen dreiblättrigen Hauptrotor, der von einem 75 PS-Motor angetrieben wurde, wobei der Heckrotor mittels eines Umlenkgetriebes mechanisch mit dem Hauptrotor gekoppelt war. Den Rumpf bildete eine Stahlgitterkonstruktion, die man später im vorderen Bereich mit einer aerodynamischen Blechverkleidung versah. 1941 wurde mit dem Helikopter ein neuer offizieller Flugdauer-Rekord von mehr als 1 ½ Stunden aufgestellt.

Mit der VS-300 demonstrierte Sikorsky die Vorteile der Heckrotor-Konfiguration, die bis heute bei den meisten Hubschraubern Anwendung findet.

Gegen Ende des Zweiten Weltkrieges wurden die meisten deutschen Herstellungs- und Forschungsanlagen der Luftfahrtindustrie zerstört bzw. vorgefundene Projekte und Entwürfe zum Teil gleich zusammen mit deren Konstrukteuren in das jeweilige Land der Siegermächte gebracht. Wie schon nach dem Ersten Weltkrieg war den Deutschen auch in dieser Nachkriegszeit jahrelang der Bau von motorisierten Luftfahrzeugen einschließlich neuer Produktionsstätten untersagt.

In Amerika hingegen konnte nach Kriegsende die Forschungsarbeit ohne Zeitverzug fortgesetzt werden. Hier hatte schon 1941 der Erfinder und Hubschrauberpionier **Arthur M. Young** ein Hubschrauber-Flugmodell mit einer Stabilisierungsstange am Rotorkopf entwickelt, der den Helikopter unempfindlicher gegen Windeinflüsse machte. Dieses System stellte Young dem Firmeninhaber der ‚Bell Aircraft Corporation' **Larry Bell** vor, woraufhin sich beide zusammenschlossen und sofort mit der Entwicklung eines manntragenden Hubschraubers begannen. Innerhalb von sechs Monaten baute Young den ersten Prototyp ‚Bell-30', der bereits die charakteristische und unterhalb des Zweiblatt-Hauptrotors angeordnete Stabilisierungsstange (auch ‚Flybar' genannt) besaß.

Bell 47
FlugKerl2, CC BY-SA 4.0 (40)

Das Nachfolgemodell, die **Bell 47**, absolvierte **1945** ihren Jungfernflug und wurde anschließend in Serie gefertigt. Der zwei- bzw. dreisitzige Mehrzweckhubschrauber in Gitterrohr-Leichtbauweise wurde von einem Kolbenmotor mit 270 PS angetrieben. Damit war eine maximale Geschwindigkeit von fast 200 km/h bei einer Reichweite von etwa 700 km möglich. Das Cockpit bestand aus einer Plexiglas-Kuppel und wurde deshalb oft scherzhaft auch als „Goldfischglas" bezeichnet.

1946 erhielt die Bell 47 als erster ziviler Hubschrauber die Flugzulassung in den USA und sechs Jahre später wurde mit ihr der bis heute gültige Weiten-Weltrekord für Hubschrauber mit Kolbenmotor von knapp 2.000 km aufgestellt.

Bis 1972 wurden incl. Lizenzbauten etwa 6.000 Stück in zivilen und militärischen Versionen produziert. Auch die deutsche Bundeswehr setzte den Helikopter ab 1957 fünfzehn Jahre lang als Beobachtungs-, Verbindungs- und Schulungshubschrauber ein.

Die Bell 47 ist zu einem der weltweit am weitest verbreiteten und erfolgreichsten Hubschrauber geworden und befindet sich sogar heute noch im Einsatz.

Die Ära der kolbenbetriebenen Großflugzeuge

Douglas DC-7 (33)

Die **Douglas DC-7** wurde als Nachfolger der bewährten DC-6 von der amerikanischen ‚Douglas Aircraft Company' in drei Varianten hergestellt. Der Prototyp hob **1953** zu seinem Erstflug ab und ging bald darauf in den Liniendienst. Das 3. Versionsmodell, die DC-7C, das drei Jahre später erschien, war als erstes Verkehrsflugzeug in der Lage, nicht nur auf inneramerikanischen Flügen gegen die Hauptwindrichtung nach Westen zu fliegen, sondern auch den Atlantik in beiden Richtungen ohne Zwischenlandung zu überqueren. Für die dafür notwendige Treibstoffkapazität und das damit verbundene höhere Startgewicht musste die Flügelspannweite vergrößert werden und auch der längere Rumpf bot jetzt bis zu 105 Passagieren Platz. Daneben wurde die Leistung der vier 18-Zylinder-Doppelsternmotoren auf je 3.450 PS gesteigert, sodass jetzt eine maximale Reichweite von 10.000 km bei einer Reisegeschwindigkeit von rund 530 km/h möglich war.

Die **Lockheed L.1649A Starliner** war das letzte Modell einer langen und äußerst erfolgreichen Constellation-Baureihe des amerikanischen Herstellers Lockheed, der 1943 die Constellation, 1950 die Super Constellation und schließlich **1956** den Starliner (nur noch 44mal gebaut) auf den Markt brachte.

Lockheed L-1649 Starliner (34)

Der Starliner hatte dieselbe Antriebsausstattung wie die DC-7C und erreichte mit seinen dreiblättrigen Verstellpropellern auch die gleiche Reisegeschwindigkeit. Dieses Modell war das erste Verkehrsflugzeug, das planmäßig seine max. 99 Fluggäste nonstop von Los Angeles nach London fliegen konnte.

Die Lockheed Starliner bildete zusammen mit dem Konkurrenzmuster Douglas DC-7C den Schlusspunkt der von Kolbenmotoren angetriebenen Propellerflugzeuge am Übergang zum Düsenflugzeugzeitalter.

Die ersten Flugzeuge mit Strahltriebwerk

Schon vor dem Zweiten Weltkrieg stießen Propellerflugzeuge mit Kolbenmotorantrieb in puncto Fluggeschwindigkeit an ihre technischen Grenzen. Eine weitere Steigerung war mit den bis dahin vorhandenen Möglichkeiten nicht mehr machbar. Das Raketen- und vor allem das Strahltriebwerk sowie eine innovative Hochgeschwindigkeits-Aerodynamik kündigten nun eine neue Ära der Luftfahrtgeschichte an, das Jet-Zeitalter.

Der Flugzeugkonstrukteur **Ernst Heinrich Heinkel**, der 1922 die ‚Ernst Heinkel Flugzeugwerke' in Warne-münde gegründet hatte, entwickelte dort zahlreiche Flugzeugtypen und verfolgte leidenschaftlich das Ziel, die Geschwindigkeit seiner Flugzeuge konsequent zu erhöhen. Nachdem aber die Flugleistungen mit den damaligen Kolbenmotor-Antrieben trotz aller aerodynamischen Kunstgriffe nicht weiter steigerungsfähig waren, versuchte Heinkel, in enger Zusammenarbeit mit Wernher von Braun, zunächst dessen experimentelles Flüssigkeitsraketentriebwerk voranzutreiben. Den Prototyp des ersten Raketenmotors ließ er in die eigens dafür entwickelte **He 176** einbauen, die mit diesem Triebwerk **1939** in Peenemünde zumindest einen Kurzflug durchführen konnte. Doch wegen erheblicher Nachteile dieses Aggregats, wie z. B. die minimale Flugdauer und die ständige Explosionsgefahr, wurde das Projekt bald darauf auf Weisung des Reichsluftfahrtministeriums eingestellt.

Nur zwei Jahre nach dem Jungfernflug des Versuchsflugzeugs He 176 kam ein weiteres mit Raketenantrieb ausgerüstetes Fluggerät zum Einsatz: die von der Messerschmitt AG entwickelte **Me 163 Komet** mit dem Spitznamen „Kraft-Ei". Dieses Flugzeug entstand aus den Forschungsarbeiten des Flugpioniers Alexander Lippisch, der schon Jahre zuvor mit

Nurflügel-Segelflugzeugen experimentiert hatte und nun diesen aerodynamisch ausgefeilten Abfangjäger konstruierte.

Me 163B Komet (43)

Die Komet hatte einen Stummelrumpf mit einem Heck ohne Höhenleitwerk sowie Pfeilflügel, an denen für den Kriegseinsatz entweder zwei MGs oder zwei 30 mm-Maschinenkanonen befestigt waren. Der schubstarke Flüssigkeitsraketenmotor sorgte für eine zu jener Zeit einmalige Höchstgeschwindigkeit und Steigrate, sodass mit diesem ersten serienmäßig hergestellten Raketenjäger 1941 erstmals die 1.000 km/h-Geschwindigkeitsmarke geknackt wurde. Da die Me 163 aus einem Entwurf für ein Segelflugzeug entstand, verfügte sie über hervorragende Gleiteigenschaften. Das war auch dringend nötig, denn sofort nach dem Start wurden die beiden Hilfsräder abgeworfen und nachdem der Treibstoff aufgebraucht war, musste das Düsenflugzeug wie ein Segler auf seiner Kufe landen.

Allerdings war der Jet in der Handhabung nicht gerade ungefährlich. Das lag vor allem an der hochexplosiven Treibstoffmischung, die der Raketenmotor für den Antrieb benötigte. Wenn die beiden unterschiedlichen und in hohem Maße entzündbaren Kraftstoffe aus irgendeinem Grund zusammenkamen, löste dies eine heftige Explosion aus. Manchmal genügte auch schon die Erschütterung der Maschine bei einer zu harten Landung, sodass es immer wieder zu tödlichen Unfällen kam. Bezeichnenderweise gingen mehr Maschinen bei den

Landungen verloren als bei Angriffen auf feindliche Bombergeschwader. Auch die Kriegsausbeute der insgesamt 364 gebauten Maschinen ist als bedeutungslos einzustufen, denn seit ihrer Indienststellung 1944 wurden mit ihnen lediglich neun Bomber abgeschossen. Damit konnten die großen Hoffnungen, die damals in Raketenflugzeuge gesetzt worden waren, trotz aller technischen Neuerungen nicht erfüllt werden. Nichtsdestotrotz wurden die noch übriggebliebenen Me 163 Komet nach Kriegsende zur heiß begehrten Kriegsbeute.

Bereits 1936 hatte der Physiker **Hans Joachim Pabst von Ohain** dem Flugzeugfabrikanten Heinkel ein Konzept für ein Strahltriebwerk mit Flüssigtreibstoff vorgelegt, das dieser mit Ohain als Chefingenieur in seinem Werk unter strengster Geheimhaltung bis zur Einsatzreife weiterentwickeln ließ. Parallel dazu wurde ein speziell auf dieses Triebwerk abgestimmtes Flugzeug inklusive Einziehfahrwerk gebaut: die **Heinkel He 178**.

He 178 (41)

Mit dieser Maschine gelang **1939** bei Rostock-Marienehe ein 8-minütiger Testflug des damit weltweit ersten Flugzeugs mit einem Turbinenstrahltriebwerk. Durch das in die He 178 integrierte Strahltriebwerk mit rund 1.400 PS erreichte die Maschine eine Höchstgeschwindigkeit von ca. 700 km/h. Doch trotz der Geschwindigkeitssteigerung im Vergleich zu herkömmlichen Flugzeugen zeigte das Reichsluftfahrtministerium wegen der zu geringen Reichweite keinerlei Interesse an einer Serienproduktion, sodass nach nur zwölf Testflügen die Flugversuche beendet wurden.

Den Höhepunkt des damaligen Hochgeschwindigkeitskults bildete der Düsenjäger **Messerschmitt Me 262** - das erste in Serie gefertigte Flugzeug mit zwei Strahltriebwerken und integriertem Schleudersitz. Der freitragende Tiefdecker, der **1942** zu seinem Jungfernflug abhob, war mit einem einteiligen, gepfeilten Ganzmetallflügel und einem lenkbaren Bugrad ausgestattet. Die beiden neuartigen Turbostrahltriebwerke Junkers Jumo 004, die in Gondeln unter den Flügeln angebracht waren, lieferten im Hochgeschwindigkeitsbereich je 7.000 PS und machten die Me 262 mit einer Maximalgeschwindigkeit von 870 km/h zum schnellsten Flugzeug in dieser Zeit.

Me 262 B-1a (Replika)
MatthiasKabel, CC-BY-SA 3.0 (44)

Die Me 262 wurde als Jäger und als Jagdbomber konzipiert. Als Bewaffnung dienten vier 30 mm-Bord-kanonen und optional 24 ungesteuerte Raketen, die unterhalb der Tragflächen angebracht werden konnten.

Nachdem 1944 der Serienbau angelaufen war, wurde das Strahlflugzeug sofort im Kampf eingesetzt. Doch trotz ihres Geschwindigkeitsvorteils, mindestens 200 km/h schneller als die feindlichen Propellerflugzeuge zu sein, gab es eine Reihe von Problemen. So stellte sich z. B. ihre überlegene Geschwindigkeit teilweise auch als Nachteil für die Piloten heraus, die insbesondere Schwierigkeiten damit hatten, mit diesem schnellen Düsenjäger das Ziel anzuvisieren und zu treffen. Außerdem benötigte die Me 262 mindestens eine etwa 1.300 m lange, befestigte Rollbahn und wurde im Verlauf der Startphase oder während des überlangen Landeanflugs oft von feindlichen Tieffliegern abgeschossen.

Die Messerschmitt Me 262 war eines der technisch fortschrittlichsten Flugzeuge und beeinflusste mit ihrem Pfeilflügelkonzept und ihren Turbinen-Luftstrahltriebwerken maßgeblich die Weiterentwicklung strahlgetriebener Hochgeschwindigkeitsflugzeuge.

Das Turbinenstrahltriebwerk

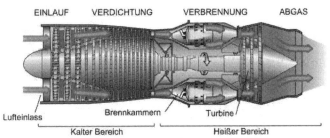

Aufbau eines Strahltriebwerks
Jeff Dahl, CC-BY-SA 4.0 (42)

Ein Turbinenstrahltriebwerk, auch Turbojet genannt, funktioniert folgendermaßen:

Über den Lufteinlass wird kalte Luft angesaugt und in das Triebwerk geleitet. Dort wird sie verdichtet, in den Brennkammern mit Kraftstoff angereichert und entzündet. Dabei dehnen sich die heißen Verbrennungsgase extrem schnell aus und beschleunigen auf diese Weise eine Turbine im hinteren Teil, die über eine Welle mit dem Verdichter gekoppelt ist. Je schneller sich nun die Turbine dreht, desto mehr Luft wird vorne angesaugt. Unter hohem Druck verlässt danach der glühend heiße Gasstrahl mit hoher Geschwindigkeit die Düse und erzeugt dort den nötigen Schub, um den Jet voranzutreiben. Ein System, nach dem auch heute noch prinzipiell alle Düsentriebwerke arbeiten.

Die Vorteile von Strahltriebwerken bestehen vor allem darin, dass sie zuverlässig arbeiten, mit ihnen wesentlich höhere Fluggeschwindigkeiten erzielt werden und dass sie im Gegensatz zu den Kolbenmotoren nur rotierende Teile haben und damit laufruhiger sind.

Propellerturbinen-Luftstrahltriebwerke

Eine Variante der Turbojets sind die Propellerturbinen-Luftstrahltriebwerke. Anders als bei Strahltriebwerken dient hier nicht der heiße und beschleunigte Luftstrom im Bereich der Auslassdüse zum Vortrieb, sondern allein die von der Turbine erzeugte Leistung, die über eine Welle mittels Getriebe auf den Propeller übertragen wird. Deshalb werden diese Antriebsaggregate auch als **Wellenturbinen** bzw. **Turboprops** bezeichnet.

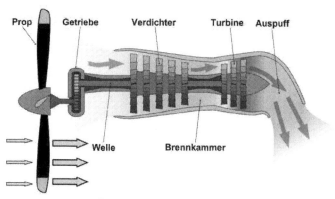

Propellerturbinen-Luftstrahltriebwerk (45)

Je nach Fluggeschwindigkeit, Flughöhe und Last wird bei modernen Turboprops der Anstellwinkel der Propellerblätter automatisch eingestellt, um sowohl Turbinentriebwerk als auch die Luftschraube im optimalen Betriebsbereich zu halten.

Gegenüber Kolbenmotor-Antrieben haben Propellerturbinen bei gleicher Leistung den Vorteil eines geringeren Gewichts sowie einer kleineren Windangriffsfläche und zeichnen sich sowohl durch den reduzierten Spritverbrauch als auch durch einen wesentlich vibrationsärmeren Lauf aus.

Heutzutage werden Flugzeuge mit Turbopropantrieb hauptsächlich im Regionalflugverkehr eingesetzt, denn bei einer Reisegeschwindigkeit von 500 bis 700 km/h arbeiten Turboprops wirtschaftlicher als reine Strahltriebwerke.

Das erste serienmäßig produzierte **Turboprop-Verkehrsflugzeug** war die von der britischen ‚Vickers-Armstrongs Aircraft Ltd.' gebaute **Vickers Viscount**, die mit diesen fortschrittlichen Triebwerken eine neue Ära in der Luftfahrt einleitete. Der Erstflug der für Mittel- und Kurzstrecken ausgelegten Maschine fand **1948** statt, die Indienststellung erfolgte fünf Jahre später. Die Viscount wurde in mehreren Versionen für bis zu 75 Passagiere hergestellt.

BEA Vickers Viscount
Leonard Bentley, CC BY-SA 2.0 (46)

Das Flugzeug war mit vier Rolls-Royce Triebwerken mit je 1.770 PS bestückt, die eine Reisegeschwindigkeit von ca. 530 km/h ermöglichten. Bei den Passagieren waren diese

Maschinen vor allem wegen ihrer großen Fenster und ihres ruhigen und weitgehend vibrationsfreien Flugs beliebt.

Die schnellste je gebaute Turboprop-Maschine war die von dem Moskauer Flugzeugunternehmen ‚Tupolew' produzierte **Tu-95**, die mit vier extrem starken Triebwerken von je 15.000 PS ausgestattet war. Der Jungfernflug dieses neuen russischen Bombertyps fand **1952** statt und wurde der Öffentlichkeit drei Jahre später während einer Moskauer Luftfahrtschau vorgestellt.

Tu-95
Fedor Leukhin, CC BY-SA-2.0 (47)

Mit einer der vielen Versionen wurde mit 930 km/h ein Hochgeschwindigkeitsrekord erzielt, wofür das Flugzeug einen Eintrag im Guinness-Buch der Rekorde erhielt. Notwendige Voraussetzungen für diese enorme Geschwindigkeit waren die gepfeilten Tragflächen mit einer Flügelspannweite von 50 m und die koaxial gegenläufig rotierenden 4-Blatt-Propellerpaare mit einem Durchmesser von über fünf Metern. Die Tu-95 konnte interkontinentale Strecken von bis zu 15.000 km zurücklegen. Bis 1993 verließen mehr als 500 dieser gewaltigen Flugzeuge die Fabrikhallen und sind z. T. heute noch im Einsatz.

Das Jet-Zeitalter

Nach dem Zweiten Weltkrieg gewannen die Hochgeschwindigkeits-Aerodynamik und vor allem die Strahltriebwerke rasch an Bedeutung.

Der erste Prototyp eines Passagierflugzeugs mit reinem Strahlantrieb, die **Vickers 618 Nene Viking** mit zwei Rolls-Royce Nene-Triebwerken, absolvierte **1948** ihren Erstflug. Dieses nur als Unikat gebaute britische Verkehrsflugzeug flog noch im selben Jahr mit einer Durchschnittsgeschwindigkeit von fast 600 km/h in 34 Minuten vom Londoner Flughafen Heathrow nach Paris und bewies damit die prinzipielle Verwendbarkeit dieser neuen Antriebsform auch für die zivile Luftfahrt. Die Maschine wurde danach wieder auf Kolbentriebwerke umgerüstet.

Das erste in Serie gebaute und mit vier Strahltriebwerken ausgestattete Düsenverkehrsflugzeug war die von der ‚de Havilland Aircraft Company' in England produzierte **De Havilland Comet**, die **1949** ihren Jungfernflug durchführte. Als erstes Großflugzeug der neuen Generation hatte die Comet bereits die charakteristisch gepfeilten Tragflächen. Das ruhige und vibrationsfreie Flugverhalten des Düsenjets beeindruckte die maximal 119 Passagiere, deren Verweildauer an Bord sich jetzt durch die rasante Reisegeschwindigkeit von 800 km/h deutlich reduzierte. Damit war das Zeitalter der Strahlturbinen nun auch bei den Linienflugzeugen angebrochen.

Doch bald kam es bei den ersten Modellen während der Startphase zu Unfällen, die auf die in den Flügeln integrierten Triebwerke zurückzuführen waren. Sogar nach diversen konstruktiven Veränderungen stürzten noch einige Comet 1 aufgrund der durch die Druckkabine erhöhten Belastung der Zelle und wegen Materialermüdung an den anfänglich quadratischen Fenstern ab, was zeitweise zu einer kompletten Stilllegung dieses Flugzeugtyps führte.

Comet 4
Het brein, CC BY-SA 3.0 (48)

Nach intensiver Überarbeitung entstand schließlich die **Comet 4**, die sich später im Betrieb als durchaus zuverlässig erweisen sollte. 1958 überquerten zwei dieser Maschinen als erste Passagierjets im Nonstopflug den Atlantik und leiteten damit eine neue Epoche in der zivilen Luftfahrt ein.

1964 stellte De Havilland zwar die Produktion der Comet ein, doch im Liniendienst wurden sie noch weitere 33 Jahre eingesetzt.

Die aus den Unfällen mit der De Havilland Comet gewonnenen Erfahrungen führten dazu, dass nunmehr die Triebwerke entweder in Gondeln unter den Tragflächen oder am Heck montiert wurden.

Boeing 707-385C, 1965 (49)

Die **Boeing 707** (‚seven-o-seven') war ein vierstrahliger Tiefdecker der ‚Boeing Airplane Company' und neben der Comet eines der ersten mit Strahltriebwerken ausgerüsteten Langstrecken-Passagierflugzeuge. **1957** absolvierte sie ihren

Erstflug, konnte je nach Version bis zu 219 Passagiere befördern und übertraf mit einer Reisegeschwindigkeit von 885 km/h alle Konkurrenzmodelle.

Boeing KC-135 J57 takeoff (38)

Um die damals noch übliche enorme Rauchentwicklung (wie hier bei einer startenden Boeing KC-135A) zu vermeiden, besann man sich darauf, eine neue Generation von Strahlturbinen auf den Markt zu bringen. Mit diesen leistungsstärkeren, verbrauchsärmeren, leiseren und vor allem umweltfreundlicheren sog. ‚Mantelstromtriebwerken' werden heutzutage nahezu alle strahlgetriebenen Flugzeuge ausgerüstet.

Das Mantelstromtriebwerk

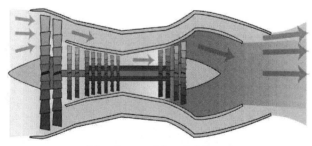

Mantelstromtriebwerk Schema
K. Aainsqatsi, CC BY-SA 3.0 (51)

Bei einem Mantelstrom- bzw. Turbofan-Triebwerk wird durch ein vielblättrig gefächertes Schaufelrad, dem sog. Fan, der Hauptluftstrom außen an Brennkammer, Turbine und Schubdüse vorbei nach hinten geblasen. Dieser lärmreduzierende ‚Mantelstrom' erzeugt bei heutigen Strahltriebwerken den Hauptteil des Schubs. Die Schubwirkung des inneren Kerntriebwerks kann dabei vernachlässigt werden.

Pratt & Whitney JT9 Mantelstromtriebwerk an einer Boeing 747
David Monniaux, CC-BY-SA 3.0 (52)

Das vierstrahlige Düsenpassagierflugzeug **Douglas DC-8** des amerikanischen Flugzeugherstellers ‚Douglas Aircraft Company' verließ **1958** die Fertigungshallen und war das erste Verkehrsflugzeug, das mit Turbofan-Triebwerken ausgerüstet wurde.

DC-8 mit Mantelstrom-Triebwerken, 2007 (50)

Der Airliner erreichte damit eine Reisegeschwindigkeit von 850 km/h und konnte in späteren Versionen bis zu 259 Passagiere aufnehmen.

1961 stellte eine DC-8 bei einem Testflug einen beachtlichen Rekord auf. In einer Höhe von 12.300 m durchbrach sie im Sinkflug als erstes Passagierflugzeug mit einer Geschwindigkeit von 1.060 km/h die Schallmauer.

Die in den 50er Jahren auf den Markt gekommenen Großflugzeuge wie die britische De Havilland Comet 4, die russische Tupolew Tu-104 oder die amerikanischen Jets Boeing 707 und Douglas DC-8 lösten eine wahre Revolution im Weltluftverkehr aus. So überrundete 1957 der Luftverkehr auf der Atlantikstrecke mit über zwei Millionen Fluggästen zum ersten Mal den transatlantischen Schiffsverkehr.

Die Turbinen-Hubschrauber

In den 1950er Jahren erlebte auch die Helikopter-Fliegerei mit der Einführung des Turbinenantriebs einen neuen Aufschwung. Der Hauptvorteil gegenüber Kolbenmotoren ist das deutlich geringere Leistungsgewicht (= weniger Gewicht bei gleicher Leistung), das bei Hubschraubern noch wichtiger als bei Starrflügelflugzeugen ist. Diese **Gas-** bzw. **Wellenturbinen** funktionieren im Prinzip genauso wie Turboprops, nur dass bei Helikoptern die Wellenleistung der Turbine über ein Getriebe an den Rotor abgegeben wird.

Der erste Drehflügler mit solch einer Gasturbine war der von dem amerikanischen Hersteller ‚Kaman Aero-space' gebaute **Kaman K-225**, der mit Flettner-Doppelrotoren betrieben wurde.

Charles H. Kaman, der anfangs bei Sikorsky als Entwickler gearbeitet hatte und danach aus einem Garagenbetrieb ein Unternehmen aufbaute, ersetzte an seinem dreisitzigen Experimentalhubschrauber den ursprünglich verwendeten 228 PS starken Kolbenmotor durch eine Boeing 502-Turbine mit lediglich 177 PS. Trotz der geringeren Leistungsabgabe des neuen Triebwerks waren dennoch die Flugleistungen deutlich besser, da die Turbine nur noch halb so viel wog wie der Kolbenmotor.

Kaman K-225(53)

So ausgerüstet startete der Kaman **1951** zu seinem ersten Rundflug. Damit hatte auch bei den Hubschraubern das Turbinenzeitalter begonnen.

Nur vier Jahre später ging der erste Serienhubschrauber mit Turbinenantrieb in die Luftfahrtgeschichte ein: die fünfsitzige **Alouette II** der französischen Firma ‚Sud Aviation', dem damals größten europäischen Luftfahrtunternehmen. Ausgerüstet mit einem 3-Blatt-Hauptrotor und einer 406 PS-Wellenturbine hob der Helikopter **1955** zum ersten Mal vom Boden ab. Nur wenige Wochen nach seinem Erstflug wurde mit ihm ein neuer Höhenrekord von über 8 km aufgestellt und dieser drei Jahre danach mit fast 11 km nochmals übertroffen.

Alouette II (54)

Die Alouette (franz.: Lerche) bestand aus einem offenen Stahlrohrgerüst mit vollverglaster Kabine aus Plexiglas. Bei einer Reisegeschwindigkeit von 170 km/h konnte sie eine Distanz von rund 700 km zurücklegen.

In den folgenden Jahrzehnten wurde dieser leichte Mehrzweckhubschrauber wegen seiner hohen Zuverlässigkeit und vielfältigen Einsatzmöglichkeiten in ganz Europa nicht nur kommerziell, sondern auch als militärischer Schulungs- und Verbindungshubschrauber sowie bei zahlreichen Polizeihubschrauberstaffeln eingesetzt. Bis zur Einstellung der Produktion im Jahre 1975 sind über 1.300 Maschinen an Kunden in fast 50 Ländern ausgeliefert worden.

In den USA hatte sich inzwischen neben Sikorsky auch der ehemalige Flugzeughersteller ‚Bell Aircraft Corporation' als Hubschrauberproduzent etabliert.

1955 fiel der Startschuss für den **Bell UH-1 Iroquois** (= Irokese), auch „Huey" genannt, der bis heute der erfolgreichste und bekannteste Hubschrauber der Erde ist und der wegen seines laut schlagenden Zwei-blatt-Rotors hierzulande auch als „Teppichklopfer" bezeichnet wird.

Nach einem gewonnenen Konstruktionswettbewerb erhielt die Firma Bell von der US-Army den Auftrag zum Bau eines Mehrzweckhubschraubers, der bald darauf mit der Werksbezeichnung ‚Bell 204' zu seinem Erstflug abhob.

Bell/Dornier UH-1D Huey der Luftwaffe (55)

Ab 1960 kam dann als Weiterentwicklung die größere **Bell 205 UH-1D** auf den Markt, die im Laufe der Zeit in weiteren Serienversionen mit verschieden starken Lycoming-Turbinen von bis zu 1.400 WPS (= Wellen-PS) ausgerüstet wurde. Bei diesen Modellen vergrößerte man den Rotor auf 14 ½ m Durchmesser und die Breite der Rotorblätter auf 69 cm. Ebenso wurde das Heck zur besseren Manövrierfähigkeit verlängert und eine zusätzliche hydraulische Doppelsteuerung eingeführt.

Seinen hohen Bekanntheitsgrad erlangte der Huey vor allem durch seine vielseitigen Einsätze im Vietnamkrieg. Im zivilen Bereich wird die UH-1D bis heute neben dem Lufttransport auch als SAR-Rettungshubschrauber (SAR: Search and Rescue = Suchen und Retten) und beim Katastrophenschutz eingesetzt. Der Vielzweckhubschrauber kann maximal 13 Passagiere befördern und bringt es auf eine Reisegeschwindigkeit von etwa 200 km/h. Alle 358 in der Bundeswehr und beim Bundesgrenzschutz eingeführten Bell UH-1D wurden seit 1967 im Dornier-Werk in Oberpfaffenhofen bei München in Lizenz hergestellt.

Auch die **Bell 212** baute im Wesentlichen auf dem bewährten Muster der UH-1D auf, wurde aber mit zwei Pratt &

Whitney-Triebwerken mit je 1.800 WPS ausgestattet. Der Erstflug des Hubschraubers erfolgte **1969** und nach weiteren zwei Jahren begann die Serienauslieferung.

Die militärische Variante der Bell 212 erhielt die Bezeichnung ‚UH-1N Iroquois' oder alternativ ‚Twin Huey'.

Bell 206 B JetRanger III (56)

Unter den vielen Baumustern, die das Bell-Unter-nehmen in langen Jahren entwickelt hatte, ist insbesondere der **Bell 206 JetRanger** hervorzuheben, der **1967** vorgestellt wurde und der zu einem der erfolgreichsten Zivilhubschrauber avancierte.

Mit rund 16.000 Exemplaren sind die verschiedenen Baumuster der Bell UH-1 die meistgebauten Hubschrauber aller Zeiten und befinden sich auch noch heute in zahlreichen Ländern im Einsatz.

Zu den Hubschrauber-Klassikern zählt neben der Bell UH-1D auch das damalige Bravurstück deutscher Helikoptertechnologie, der leichte Mehrzweckhubschrauber **Bölkow Bo 105** des Herstellers MBB (Messerschmitt-Bölkow-Blohm, heute Airbus Helicopters). Er wurde unter der Leitung von Dr. Ing. Ludwig Bölkow und Emil Weiland in einer 6-jährigen Entwicklungszeit bei der ‚Bölkow-Entwicklungen KG' in Ottobrunn bei München entworfen und hatte **1967** seinen Jungfernflug.

Hubschrauber MBB Bo 105
Bundesarchiv, B 422 Bild-0222, CC-BY-SA 3.0 (58)

Die Bo 105 wurde als erster Hubschrauber mit einem aus einer Titanlegierung geformten und gelenklosen Rotorkopf mit vier glasfaserverstärkten Rotorblättern versehen. Mit diesem starren ‚Bölkow Rotor', der der Bo eine nie zuvor dagewesene Stabilität und Manövrierfähigkeit verlieh, war er als erster Hubschrauber in der Lage, einen Looping zu fliegen und erhielt 2005 die Zulassung für Kunstflug. Außerdem wurden als Antrieb zum ersten Mal im zivilen Hubschrauberbau zwei unabhängige Wellenturbinen mit je 405 PS parallel verwendet, mit denen er eine Geschwindigkeit von 270 km/h und die seinerzeit extreme Steigrate von 9,5 m/s erreichen konnte. Die Bölkow Bo 105 wurde über 1.600 Mal gebaut und größtenteils von staatlichen Nutzern wie Polizei und Militär (Panzerabwehrhubschrauber PAH 1) sowie im Zivil- und Katastrophenschutz eingesetzt.

Allerdings durfte die Bo 105 ab 2010 nicht mehr im gewerblichen Betrieb eingesetzt werden, nachdem sie die geänderten Leistungsvorschriften einer neuen EU-Richtlinie nicht mehr erfüllen konnte.

Die russische Firma Kamow setzte bei ihren Hubschraubern schon von jeher auf zwei gegenläufige, koaxial angeordnete Hauptrotoren. Da bei diesem Prinzip kein Heckrotor benötigt wird, kann die gesamte Triebwerksleistung vollständig in Auftrieb umgesetzt werden.

Kamov Ka-32A1
parfaits, CC-BY-SA 3.0 (59)

Seinen Erstflug absolvierte der **Kamow Ka-32** im Jahre **1973**. Bei voller Leistung der beiden Gasturbinen von je 2.200 PS erreicht er eine Höchstgeschwindigkeit von etwa 250 km/h und ist er in der Lage, Nutzlasten von bis zu fünf Tonnen oder 16 Passagiere zu befördern. Verwendung findet der Ka-32 auch heute noch bei der Versorgung von Außenstationen oder Ölplattformen und für Rettungseinsätze.

Die **Mil Mi-26** aus der in der Nähe Moskaus beheimateten Hubschrauberfabrik ‚Mil' ist der weltweit größte und schwerste je in Serie produzierte Hubschrauber, der **1977** zu seinem Jungfernflug startete. Der 8-blättrige Hauptrotor mit einem Durchmesser von 32 m wird von zwei Turbinen mit je 11.400 PS angetrieben, die eine Höchstgeschwindigkeit von annähernd 300 km/h ermöglichen. Die Mi-26 hat einen Autopilot, eine automatische Schwebeflugstabilisierung sowie beheizbare Rotorblätter und ist in der Lage, in seinem Rumpf einen schweren LKW oder 85 Passagiere zu transportieren.

Mil Mi-26T
Igor Dvurekov, CC-BY-SA 3.0 (60)

1982 stellte der Hochlast-Hubschrauber eine Reihe neuer Rekorde auf, darunter ein Flug mit einem Gesamtgewicht von fast 57 Tonnen in 2 km Höhe. Drei Jahre später wurde der Hubschrauber bei der damaligen sowjetischen Luftwaffe eingeführt und wird bis heute produziert.

US Army Sikorsky CH-54A Tarhe (S-64A)
Steve Williams, CC-BY-SA 4.0 (57)

Der als reiner Kranhubschrauber konzipierte **Sikorsky S-64 Skycrane,** der **1962** zu seinem ersten Flug abhob, kann

Behälter unterschiedlichster Art oder andere Nutzlasten von bis zu 12 t bei einer Reichweite von 370 km befördern. Für die enorme Tragkraft sorgen sein 6-blättriger Hauptrotor mit einem Durchmesser von 22 m und zwei Pratt & Whitney-Turbinen von annähernd je 5.000 PS. Um die Traglasten besser kontrollieren zu können, hat der S-64 an der Rückseite seiner Pilotenkanzel ein großes Fenster, von dem aus ein drittes Besatzungsmitglied das Transportgut beim Aufnehmen und Absetzen steuern sowie während des Fluges beaufsichtigten kann.

Im Jahre 1992 verkaufte Sikorsky die Rechte am Skycrane an die amerikanische Firma Erickson-Air-Crane, die den Kranhubschrauber auf Großbaustellen und Ölfeldern sowie bei umfangreichen Waldarbeiten oder als Löschhubschrauber einsetzt.

Der Tandem-Hubschrauber

Als Tandem-Hubschrauber bezeichnet man Helikopter mit zwei in der Regel gleich großen Hauptrotoren, die sich gegenläufig drehen, um die von ihnen erzeugten Drehmomente auszugleichen. Damit sich die ineinander kämmenden Rotorblätter nicht berühren können, sind beide Rotoren über ihre Antriebswellen miteinander gekoppelt.

Die **Boeing CH-47 Chinook** ist ein zweimotoriger Transporthubschrauber mit solch einer Tandemrotor-Anordnung. Das Vorgängermodell ‚Boeing-Vertol Modell 114' hatte **1961** seinen Jungfernflug und ein Jahr danach erfolgte die Auslieferung der Maschinen an die US-Army, wo der Hubschrauber erstmals in Vietnam und später in den Golfkriegen unter Kampfbedingungen zum Einsatz kam.

Chinook HC2 (61)

Die nach einem Indianerstamm benannten Chinooks wurden im Laufe der Zeit ständig verbessert und werden heute je nach Version von zwei Lycoming-Wellen-turbinen mit bis zu 4.800 PS angetrieben, die eine Höchstgeschwindigkeit von max. 300 km/h erlauben. Auf beiden Seiten des Rumpfes sind große Treibstoffkammern angebracht, die auch als Schwimmer verwendet werden können. In der neuesten Version können bis zu 55 Soldaten transportiert oder eine Außenlast von knapp 13 Tonnen angehängt werden.

Die CH-47 Chinooks haben sich seither so bewährt, dass mehr als 1.300 Exemplare in rund 20 Länder der Erde verkauft werden konnten.

Der Überschallflug

Das erste von Menschenhand geschaffene Objekt, das die Schallgeschwindigkeit überschritt, war die Peitsche. Bei richtiger Ausführung verursacht das Ende der Peitschenschnur den bekannten „Peitschenknall", der sogar doppelte Schallgeschwindigkeit erreichen kann.

Der **Überschallknall** bei einem Flugzeug entsteht folgendermaßen:

Vor dem Überschreiten der Schallgeschwindigkeit verdichten sich die vom Luftfahrzeug erzeugten Druckwellen zu einer Schockwelle, die senkrecht zur Flugrichtung steht (Wolkenscheibeneffekt). Beim Durchbrechen der Schallmauer überholt das Flugzeug die eigene Schockwelle und löst dadurch einen gewaltigen Donnerschlag aus. Die Lautstärke des Knalls und ein eventuell wahrnehmbarer Doppelknall hängen dabei von der Größe des Flugobjekts ab.

Eine F/A-18 Hornet im Überschallflug (Wolkenscheibeneffekt) (62)

Auch das typische Knattern von Hubschraubern hat seine Ursache darin, dass sich die Enden der Rotorblätter mit Überschallgeschwindigkeit bewegen.

Die **Schallgeschwindigkeit** beträgt bei 20 °C je nach Luftfeuchte etwa 1.234 km/h und nimmt mit zunehmender Höhe wegen der sinkenden Temperaturen kontinuierlich ab. Im Bereich der üblichen Flughöhen oberhalb von 10 km hat die Atmosphäre in unseren Breiten bis in rund 20 km Höhe eine annähernd konstante Temperatur von - 56 °C. Bei diesen Minusgraden beträgt die Schallgeschwindigkeit dann nur noch 1.060 km/h.

Die **Machzahl** gibt das Verhältnis der Fluggeschwindigkeit zur Schallgeschwindigkeit an. Ist die Geschwindigkeit des Fluggeräts gleich der Schallgeschwindigkeit, wird dies mit ‚Mach 1' bezeichnet. Mach 2 bedeutet dementsprechend, dass sich das Objekt mit zweifacher Schallgeschwindigkeit bewegt.

Der zivile Überschallflug

Mitte der 60er Jahre kam es zu einem Wettstreit zwischen den rivalisierenden Herstellern der sowjetischen **Tupolew Tu-144** und der in französisch-britischer Koproduktion entwickelten Concorde, wem es als Erstem gelänge, ein Überschall-Passagierflugzeug offiziell an den Start zu bringen. An Silvester **1968** sollten letztlich die russischen Konstrukteure mit dem Jungfernflug der Tu-144 nur zwei Monate vor dem Erstflug der Concorde das Rennen für sich entscheiden.

Es zeigte sich jedoch, dass die Tu-144 keineswegs ausgereift war, denn bis zur Serienreife veränderte man sie so radikal, dass sie der Concorde immer ähnlicher wurde. Diese Ähnlichkeiten ergaben sich naturgegeben aus aerodynamischen und technischen Überlegungen, doch sprechen kritische Stimmen auch von umfassender Industriespionage (auf beiden Seiten).

Tu-144LL, Testflug 1997 (64)

Wie die Concorde verfügte auch die **Tu-144** über Deltaflügel und eine absenkbare Rumpfnase, besaß aber oben am Bug zwei ausklappbare Entenflügel für den Langsamflug. Als Antrieb verwendete Tupolew vier Turbojet-Triebwerke, deren Schub während der Startphase und beim Steigflug mittels Nachbrennern gesteigert werden konnte.

1970 überschritt die Tupolew Tu-144 in 16 km Höhe als erstes Verkehrsflugzeug die doppelte Schallgeschwindigkeit. Nach weiteren Modifikationen lag die Reisegeschwindigkeit für die max. 135 Passagiere dann bei rund 2.300 km/h.

Den ersten schweren Rückschlag erfuhr das Tupolew-Projekt 1973 mit dem Absturz einer Tu-144 bei der Pariser Luftfahrtausstellung in Le Bourget. Als die Besatzung versuchte, einen Aufsehen erregenden Sturzflug abzufangen, brach die Maschine in geringer Höhe auseinander. Die Ursache des Unglücks ist nach wie vor ungeklärt. Trotzdem nahm die Tupolew nach vierjähriger Überarbeitung 1977 wieder den Liniendienst zwischen Moskau und Alma-Ata (Kasachstan) auf. Doch schon 7 Monate später wurden nach einer gescheiterten Notlandung die Passagierflüge eingestellt und bis zum endgültigen Abbruch des Tu-144-Programms 1984 nicht mehr aufgenommen.

Die von dem französischen Luftfahrtunternehmen ‚Aérospatiale' und der ‚British Aircraft Corporation' gemeinsam produzierte **Concorde** (franz. und engl. für ‚Eintracht') wurde ausschließlich durch staatliche Finanzierung der beiden beteiligten Regierungen ermöglicht. **1969** startete die erste Concorde von Toulouse aus zu ihrem Jungfernflug und kurz darauf hob die erste Maschine aus britischer Produktion vom Flughafen in Filton im Südwesten Englands ab. Danach flog die British Airways mit ihren Concordes im täglichen Linienverkehr von London nach New York und Washington D.C., während Air France die Route Paris/New York bediente. Zusätzlich gab es noch jeden Samstag einen Flug von London-Heathrow nach Barbados.

British Airways Concorde (65)

Die Concorde wurde von zwei Autopiloten gesteuert, die sich gegenseitig überwachten. Alle vier Rolls-Royce-Turbojet-Triebwerke mit insgesamt max. 280.000 PS waren mit Schubumkehr ausgestattet und brachten die Maschine in 18 km Flughöhe auf eine Höchstgeschwindigkeit von Mach 2,2 bzw. 2.400 km/h. Im Überschallflug erhitzten sich dabei die Außenhaut des Flugzeugs und vor allem der Bug auf etwa 150 °C, was zu einer erwärmungsbedingten Verlängerung des Rumpfes um ca. 14 cm führte.

1995 stellte eine Concorde der Air France mit 31 ½ Stunden einen neuen Rekord für die schnellste Weltumrundung auf und ein Jahr später legte ein Modell der British Airways die Strecke New York – London in knapp drei Stunden zurück. Dies ist bis heute Weltrekord für die zeitlich kürzeste Atlantiküberquerung in der zivilen Luftfahrt. Der Preis für einen Hin- und Rückflug nach New York betrug rund 8.000 Euro.

Die Produktion des Überschallfliegers wurde 1979 nach lediglich 16 Serienflugzeugen wieder eingestellt.

Die Concorde flog über 30 Jahre lang ohne größere Zwischenfälle. Diese eindrucksvolle Bilanz war bis 2000 ungebrochen, als eine Air France-Maschine kurz nach dem Start bei Paris abstürzte. Die anschließenden Ermittlungen ergaben, dass wahrscheinlich ein Reifen von einem auf der Startbahn liegenden Metallteil zerfetzt wurde. Die hochgeschleuderten Gummiteile des geplatzten Reifens verursachten in der Folge ein Leck in der Tragfläche, woraufhin der auslaufende Treibstoff in Brand geriet. Ein Startabbruch war zu diesem Zeitpunkt nicht mehr möglich, sodass die Maschine nach rund einer Minute in ein Nebengebäude eines Hotels einschlug. Alle 109 Menschen an Bord und vier Bewohner des Hotels kamen dabei ums Leben.

Obwohl nach einer sicherheitstechnischen Überarbeitung des Flugzeugs ein Jahr später der Linienbetrieb wieder aufgenommen wurde, war doch das Vertrauen der Kunden in die Concorde nachhaltig gestört. Aufgrund ausbleibender Passagiere als auch wegen stark gestiegener Treibstoffpreise entschlossen sich deshalb Air France und British Airways, den Linienflugbetrieb mit der Concorde im Laufe des Jahres 2003 einzustellen.

Mit dem letzten Concorde-Flug von London zum Flughafen in Filton ging schließlich die Ära der zivilen Überschall-Luftfahrt nach 34 Jahren zu Ende. Heute ist dort die Concorde als eines der berühmtesten Flugzeuge der Luftfahrt im örtlichen Luftfahrtmuseum ausgestellt.

Die Problematik des Überschallflugs:

Einer der Hauptgründe dafür, weshalb bis heute keine Überschallflugzeuge mehr gebaut wurden, ist deren Unwirtschaftlichkeit. Eine Concorde hatte beispielsweise einen etwa doppelt so hohen Treibstoffverbrauch wie eine moderne Boeing 747 und konnte dabei nur etwa ein Drittel der Passagiere befördern. Hinzu kommt, dass Überschallflugzeuge schon wegen ihrer zu geringen Reichweite den Anforderungen der Luftlinien nicht genügen sowie die Tatsache, dass sie hinsichtlich ihres hohen Geräuschpegels auf vielen Flughäfen keine Lande- und Startgenehmigung erhalten. Außerdem dürfen Flüge, die mit Überschallgeschwindigkeit zurückgelegt werden, von Gesetzes wegen nicht über bewohntem Gebiet stattfinden, was die möglichen Flugrouten erheblich eingeschränkt. Als Vorteil steht nur der durch die höhere Geschwindigkeit erzielte Zeitgewinn gegenüber, der jedoch erst bei mehrstündigen Flügen über die Meere von Bedeutung ist.

Trotzdem unterzeichneten 2005 Frankreich und Japan ein Abkommen, demzufolge beide Staaten künftig jährlich 1,5 Mio. Euro an Forschungsmitteln zur Entwicklung eines gemeinsamen zivilen Überschallflugzeugs für 300 Passagiere mit lärmreduzierter und angepeilter vierfacher Schallgeschwindigkeit bereitstellen wollen.

Auch das amerikanische Start-up-Unternehmen ‚Boom' plant einen kleinen Überschall-Superjet mit bis zu 55 Sitzplätzen und einer Geschwindigkeit von rund 2.700 km/h, der 30 % leiser als die Concorde sein soll und möglicherweise schon 2023 den Linienbetrieb aufnehmen könnte.

Mit 30 Überschallflügen startete die NASA 2017 ein Testprogramm, um mittels einer neuen Flugzeugformgebung den Lärmpegel des Überschallknalls deutlich zu reduzieren und infolgedessen eine Genehmigung für den Überschallflug über Land zu erhalten.

Mittlerweile gibt es weltweit mehrere Firmen und Forschungsinstitute, die über neue Technologien nachdenken und an kleineren und umweltfreundlicheren Nachfolgemodellen der Concorde arbeiten.

Kampfflugzeuge im Überschallbereich

Bevor in der zivilen Luftfahrt die Schallgeschwindigkeit überschritten werden konnte, gab es schon eine Reihe von Rekorden mit Militärmaschinen. So durchbrach 1947 der amerikanische Testpilot Chuck Yeager mit dem Experimental-Raketenflugzeug ‚Bell X-1' in etwa 15 km Höhe nachweislich als erster Mensch die Schallmauer und schrieb damit Luftfahrtgeschichte. Den ersten offiziellen Überschallgeschwindigkeitsrekord er-zielte 1955 das amerikanische Jagdflugzeug

‚F-100 Super Sabre'. Sie gehörte zusammen mit der ‚MiG-19' zur ersten Generation der Überschallkampfflugzeuge.

1958 stellte das Kampfflugzeug **Lockheed F-104 ‚Starfighter'** im Horizontalflug in einer Höhe von 11 Kilometer mit rund 2260 km/h einen Geschwindigkeits-Weltrekord mit zweifacher Schallgeschwindigkeit auf und ein Jahr später erreichte dieses Flugzeug zusätzlich noch die Weltrekordhöhe von über 31 Kilometer.

Lockheed F-104 Starfighter
twm1340, CC BY-SA 2.0 (63)

Weniger rühmlich waren allerdings die eklatanten Konstruktionsfehler an diesem Flugzeugtyp, die in den 60er-Jahren wegen einer fortwährenden Absturzserie zur ‚Starfighter-Affäre' führten und die ihm solche Bezeichnungen wie „Witwenmacher, fliegender Sarg oder Sargfighter" einbrachten. Obwohl annähernd ein Drittel der über 900 bei der Bundeswehr stationierten F-104 in Unfälle verwickelt waren, setzten die Luftstreitkräfte einiger NATO-Staaten das Flugzeugmuster trotzdem noch bis in die 1990er-Jahre ein.

Moderne Kampfjets erreichen heutzutage größtenteils Mach 2, wobei der sowjetische Abfangjäger ‚MiG-25' schon 2007 kurzzeitig Mach 3,2 (3.400 km/h) erzielen konnte und wofür er ins Guinness-Buch der Rekorde als schnellstes Kampfflugzeug der Welt eingetragen wurde.

Lockheed SR-71 „Blackbird" (66)

Das amerikanische Aufklärungsflugzeug Lockheed SR-71 ‚Blackbird' war sogar in der Lage, diese Geschwindigkeit dauerhaft zu fliegen. Raketenflugzeuge wie die ‚North American X-15' brachten es schon in den 60er Jahren in einer Flughöhe von über 100 km auf eine Höchstgeschwindigkeit von Mach 6,7 (etwa 7.200 km/h), was als ‚Hyperschallgeschwindigkeit' (über Mach 5) bezeichnet wird. Die Raumfahrzeuge ‚Space Shuttle' rasten bis 2011 bei ihrer Rückkehr von der Weltraummission antriebslos mit anfangs etwa der 27-fachen Schallgeschwindigkeit, also ca. 33.300 km/h der Erde entgegen.

Das Mehrzweckkampfflugzeug **Panavia 200** (PA-200) **Tornado** wurde unter Beteiligung Deutschlands, Italiens und dem Vereinigten Königreich von der ‚Panavia Aircraft GmbH' mit Sitz in Hallbergmoos (nahe München) hergestellt. Der Erstflug fand **1974** im oberbayerischen Manching statt und sechs Jahre danach wurde der Jagdbomber in Dienst gestellt. Das zweisitzige Kampfflugzeug wird von den Streitkräften Deutschlands, Großbritanniens, Italiens und dem einzigen Export-Kunden Saudi-Arabien (120 Exemplare) für den konventionellen und nuklearen Luftangriff, zur Luftaufklärung sowie zur Seekriegführung als Jagdbomber, Abfangjäger und Aufklärungsflugzeug eingesetzt.

PA200 Tornado
Philipp Hayer, CC BY-SA 3.0 (108)

Der Tornado verfügt über sog. Dreiwellen-Turbo-fan-Strahltriebwerke von Rolls-Royce mit Nachbrenner und Schubumkehr und ist mit einem Fly-by-wire-System ausgestattet. Die Besatzung besteht aus dem Piloten und einem Waffensystemoffizier, der im hinteren Teil des Cockpits sitzt. Der zweistrahlige Schulterdecker ist mit Schwenkflügeln ausgerüstet, die dem Tornado bei angelegten Tragflächen ab einer Höhe von etwa 10 km eine Höchstgeschwindigkeit von rund 2.350 km/h (Mach 2,2) ermöglichen.

Als Standard-Bewaffnung verfügt der Tornado über eine bzw. zwei 27-mm-Revolver-Maschinenkanonen, wobei zusätzlich noch zwei Luft-Luft-Raketen montiert werden können.

Von den ursprünglich 357 Tornados der deutschen Luftstreitkräfte befinden sich noch rund 80 im Einsatz (u. a in Syrien und dem Irak zur Luftaufklärung im Kampf gegen den IS).

Der **Eurofighter Typhoon** ist ein zweistrahliges Mehrzweckkampfflugzeug, das von Deutschland, Italien, Spanien und Großbritannien in Gemeinschaftsarbeit produziert wird und hierzulande das amerikanische Jagdflugzeug McDonnell Douglas F-4 Phantom II ablöste. Seinen Erstflug absolvierte der Typhoon **1994**, doch wurde er erst nach weiteren 10 Jahren offiziell in Dienst gestellt.

Deutscher Eurofighter beim Start
Krasimir Grozev, CC BY-SA 3.0 (79)

Der Eurofighter hat eine deltaförmige Tragfläche und ist mit zwei Eurojet-Mantelstromtriebwerken mit Nachbrenner ausgerüstet. Damit kommt er abhängig von der Flughöhe auf eine Höchstgeschwindigkeit von bis zu 2.100 km/h. Mit maximaler Steigleistung braucht der Jet vom Start bis auf eine Höhe von 10 km lediglich 2 ½ Minuten. Die beiden ‚Canard'-Vorflügel (Entenflügel) am Bug des Flugzeugs dienen als Höhenleitwerk und verleihen dem Kampfjet in allen Geschwindigkeitsbereichen eine extreme Manövrierfähigkeit. Seine hohe Wendigkeit erreicht der Eurofighter mit Hilfe seines sich vierfach selbst überwachenden Fly-by-Wire-Flugsteuerungssystems, ohne das die eigentlich instabile Maschine nicht sicher zu fliegen wäre, wobei die integrierten Computersysteme automatisch solche Manöver verhindern, die aerodynamische Limits überschreiten würden. Außerdem kann der eingebaute Autopilot neben dem Landeanflug sogar komplett vorprogrammierte taktische Manöver selbständig fliegen.

Eine weitere der vielen innovativen Besonderheiten ist der ‚DirectVoiceInput', der es dem Piloten ermöglicht, bestimmte Funktionen während des Fluges mittels vorher abgestimmter Sprachkommandos zu steuern. Darüber hinaus hat der Typhoon ein Selbstschutzsystem, das Bedrohungen sowohl aus der Luft als auch vom Boden her ortet, analysiert und vollkommen selbständig bekämpft.

Eurofighter Typhoon FGR4
Ronnie Macdonald, CC BY 2.0 (80)

Der Eurofighter verfügt über eine 27 mm Bordkanone und hat insgesamt 15 Außenstationen für modernste Lenkwaffen wie z. B. Kurz- und Langstreckenraketen und lasergelenkte Bomben der neuesten Generation. Dieses Waffenarsenal macht ihn weltweit zu einem der leistungsstärksten Abfangjäger. Nach Angaben der Luft-waffe werden pro Flugstunde (incl. aller Kosten) rund 74.000 Euro veranschlagt.

Einerseits ist der Eurofighter Typhoon eines der modernsten Kampfflugzeuge der Welt, andererseits bekommt er beispielsweise von amerikanischer Seite Konkurrenz von der Lockheed Martin F-35 oder dem Tarnkappenjäger F-22 Raptor …

U.S. Air Force, F-22 Raptor (81)

… oder von russischer Seite von der Suchoi Su-30 bzw. der Su-35.

Suchoi Su-30
g4sp, CC BY-SA 2.0 (82)

Moderne Großraumflugzeuge

Sowohl der Flugtourismus als auch die Geschäftsflugreisen und der Transport-Luftverkehr erlebten ab den 1960er Jahren einen beispiellosen Boom. Die enorme Zunahme der Passagierzahlen machte jetzt Preissenkungen und den Einstieg von Billigflieger-Luftlinien möglich, sodass die Luftfahrt endgültig zu einem globalen Massenmarkt wurde. Die Flugzeugindustrie antwortete darauf mit Großraumjets wie z. B. Boeing mit der 747, Douglas mit der DC-10 und Lockheed mit der L-1011 TriStar.

Die **Boeing 747**, in Anlehnung an den Elefanten Jumbo auch mit dem Spitznamen „Jumbo-Jet" bedacht, war zum Zeitpunkt ihres Jungfernflugs **1969** das größte Passagierflugzeug der Welt und blieb es bis zum Start des Airbus A380 im Jahre 2005. Charakteristisch für die Silhouette der Boeing 747 ist ihr markanter „Buckel", das Oberdeck, in dem sich das Cockpit und eine kleine First Class-Kabine befinden. Die vier Turbinen-Trieb-werke von General Electric bzw. Rolls-Royce mit einer Leistung von je 30.000 PS bringen den Jet auf eine Reisegeschwindigkeit von Mach 0,85 bzw. 910 km/h.

Bei der meistgebauten Variante **747-400** konnte durch die neue Flugzeugelektronik erstmals auf einen Bordingenieur verzichtet werden. Die Spannweite wurde bei diesem Modell auf 64 ½ m vergrößert und die Tragflächenenden mit aufwärts gebogenen, treibstoffsparenden ‚Winglets' ausgerüstet.

In der Frachtversion der 747 können durch die nach oben aufklappbare Flugzeugnase große Luftfrachtcontainer und Paletten geladen werden. Dieses sog. Bugtor ist auch der Grund dafür, weshalb das Cockpit ins Oberdeck verlegt wurde.

Um auf die sich geänderte Wettbewerbssituation durch den Airbus A380 zu reagieren, präsentierte Boeing 2005 eine neue 747 unter dem Namen **Boeing 747-8**, die **2011** ihren Erstflug hatte und ähnliche Kenndaten aufweist wie das Vorgängermodell. Mit ihrem neuen Tragflächen- und Triebwerksdesign verbraucht sie nach Angaben des Herstellers ca. 15 % weniger Kerosin und kommt damit auf rund 3,5 Liter pro 100 km und Passagier. Das Flugzeug bewältigt eine Reichweite von 15.000 km, hat eine Kapazität von rund 470 Sitzplätzen und punktet durch einen um 30 % geringeren Lärmteppich als die 747-400.

Boeing 747-8F
Pat Bell/Altair78, CC BY-SA 2.0 (67)

Die **McDonnell Douglas DC-10** ist ein dreistrahliges Großraumflugzeug, das je nach Version für den Mittel- oder Langstreckenbereich ausgelegt wurde. Die DC-10, deren Erstflug **1970** stattfand, war zwar für lange Zeit nach der Boeing 747 das zweihäufigste Großraumflugzeug, erregte aber in den späten 1970er Jahren durch eine Reihe von Abstürzen großes Aufsehen. 1988 wurde die Produktion zugunsten des größeren Nachfolgemodells MD-11 eingestellt, das aber mittlerweile auch nur noch als Frachtflugzeug anzutreffen ist.

McDonnell Douglas DC-10-30
Pedro Aragão, CC BY-SA 3.0 (68)

Als Folge der erdrückenden amerikanischen Übermacht auf dem Luftverkehrsmarkt war es nur noch eine Frage der Zeit, bis sich Deutschland, Frankreich, England und Spanien dieser Entwicklung entgegensetzten. So entstand Ende der 60er Jahre eine wirtschaftliche Interessengemeinschaft, die es sich zum Ziel machte, ein eigenes Großraum-Verkehrsflugzeug zu produzieren.

Airbus A300B4-600 (69)

Das erste gemeinsame Projekt dieser heute zur ‚Airbus Group' fusionierten Flugzeughersteller war der **Airbus A300,** der die damalige Marktnische für Kurz- und Mittelstrecken mit nur noch zwei sparsamen Triebwerken und maximal 300 (später nur noch 250) Sitzplätzen belegen sollte. **1972** hob das erste europäische Großraumflugzeug A300B vom Boden ab und nach weiteren zwei Jahren nahm die französische Fluggesellschaft Air France den Flugbetrieb auf.

Zwar verlief der Verkauf der Maschinen anfangs schleppend, doch dank einer ausgeklügelten Werbemaßnahme wurde schließlich der Durchbruch geschafft, als man der amerikanischen Fluggesellschaft Eastern Airlines vier A300 für sechs Monate kostenlos einschließlich Vor-Ort-Service zur Verfügung stellte. Da die Flugzeuge um 30 % sparsamer waren als deren im Einsatz befindlichen Lockheed TriStar, bestellte die Gesellschaft kurzum 23 Exemplare und später noch weitere dazu. Im Zuge dieser ersten Großbestellung einer Fluglinie, die noch dazu in den USA beheimatet war, konnte sich Airbus bald als ernstzunehmender europäischer Konkurrent neben den großen amerikanischen Herstellern Boeing und McDonnell Douglas etablieren.

Schon von Anfang an produzierte Airbus nicht nur an einem Standort, sondern ließ die einzelnen Komponenten wie Rumpfsektionen oder Tragflächen von den Gründungsfirmen herstellen. Die Aufgabe des Transports zwischen den Orten übernahm der eigens hierfür konstruierte Super-Transporter Airbus ‚Beluga'. Die Endmontage des A300 erfolgte dann am Hauptsitz in Toulouse, von wo aus die Kunden beliefert wurden.

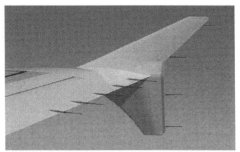

Winglet (Wingtip Fences) eines Airbus A319
Till Niermann, CC BY-SA 3.0 (70)

Der Airbus A300 hat widerstandsarme, computerberechnete Tragflächen und ist an den Enden mit bis zu 5 % kerosinsparenden ‚Wingtip Fences', einem speziellen Winglet-Typ bei Airbus, bestückt. Mit ihren beiden Turbofan-Triebwerken von Pratt & Whitney oder General Electric kommt das Flugzeug auf eine Reisegeschwindigkeit von etwa 875 km/h. Alle A300-Versionen verfügen über einen leistungsstarken Autopilot, der sogar für automatische Landungen zugelassen ist.

Nachdem 2005 nur noch sieben Neubestellungen eingingen, wurde zwei Jahre später die Einstellung der Produktion beschlossen. Bis dahin wurden über 800 Flugzeuge der Baureihen A300 und der Langstreckenvariante A310 ausgeliefert. Der Transporter A300F ist nach der Boeing 747 auch heute noch das zweithäufigste Frachtflugzeug.

Als **Airbus-A320-Familie** werden die vier Standardrumpf-Baureihen mit der A320 als Basismodell bezeichnet. Zu dieser Familie zählen auch die beiden kürzeren Modelle A318 und A319 sowie eine gestreckte Version A321. Als Strategiemaßnahme sollten die Betriebskosten um 50 % niedriger sein als die der über lange Zeit marktbeherrschenden dreistrahligen Boeing 727 und zusätzlich der Komfort für die max. 186 Passagiere durch einen größeren Rumpfquerschnitt gesteigert werden. Der Jungfernflug des Prototyps fand **1987** statt und schon ein Jahr danach wurde der Liniendienst aufgenommen. Je nach Variante werden die Flugzeuge von zwei Turbofan-Triebwerken angetrieben, die für eine Reisegeschwindigkeit von max. 900 km/h sorgen. Bei allen Maschinen kam erstmals für das gesamte Leitwerk und einen Großteil der Klappen kohlefaserverstärkter Kunststoff zum Einsatz.

Airbus A320-271N
Pedro Aragão, CC BY-SA 3.0 (71)

Die A320 war das erste in Serie produzierte Zivilflugzeug, das ausschließlich über das revolutionäre Fly-by-Wire-Hauptsteuersystem bedient wurde. ‚Fly-by-Wire' bedeutet, dass die Betätigung der Ruder und Klappen nicht mehr mechanisch über Drahtseile, sondern ausschließlich über elektronisch angesteuerte Elektromotoren erfolgt. Die traditionelle Steuersäule wurde durch den nur noch mit einer Hand zu bedienenden ‚side stick', einem joystick-ähnlichen Steuerknüppel, abgelöst. Das ganze System besteht aus insgesamt sieben sich gegenseitig überwachenden Computern, die sogar übertriebene Steuereingaben der Piloten erkennen und diese deshalb nicht an die Steuerflächen weiterleiten.

Bis heute sind mehr als 13.000 Flugzeuge der A320-Familie hergestellt worden, von denen noch über 7.000 im Einsatz sind. Sie gehören damit, neben der ebenso erfolgreichen Hauptkonkurrenz, der Boeing-737-Familie, zu den meistverkauften Mittelstreckenflugzeugen.

Boeing 777-3DE(ER)
BriYYZ, CC BY-SA 2.0 (73)

Die **Boeing 777** (‚Triple Seven') ist das momentan größte zweistrahlige Großraum-Langstreckenflugzeug, das bis zu 550 Passagiere aufnehmen kann. Die Basisversion Boeing 777-200 startete **1994** zu ihrem Erstflug und wurde ein Jahr später in Dienst gestellt. Genauso wie Airbus setzte nun auch Boeing die Fly-by-wire-Technik ein, mit dem Unterschied, die üblichen Steuerhörner beizubehalten und auf den Sidestick zu verzichten. Als Antrieb werden je nach Version zwei Triebwerke von Pratt & Whitney, Rolls-Royce oder General Electric verwendet, die eine Reisegeschwindigkeit von 900 km/h gewährleisten. Um auf der Flugpiste engere Kurvenradien zu ermöglichen, wurde die hintere der drei Achsen der Hauptfahrwerke lenkbar gestaltet.

Die **Antonow An-225** ‚Mrija' (= Traum) ist ein sechsstrahliger Schwerlastfrachter und das derzeit weltweit größte Flugzeug. Sie wurde eigens dafür entwickelt, die sowjetische Raumfähre Buran im Huckepackverfahren zu transportieren. Die An-225 hat eine Flügelspannweite von 88 ½ m und ist mit sechs Lotarjow-Mantelstromtriebwerken aus-gestattet, mit denen sie eine Höchstgeschwindigkeit von 850 km/h erreicht. Ihre maximale Zuladung beträgt normalerweise 250 Tonnen. Das Hauptfahrwerk hat beidseitig jeweils sieben Zwillingsradsätze, von denen die hinteren vier steuerbar sind.

Antonov AN-225 UR-82060
RHL Images, CC BY-SA 2.0 (74)

Ein Jahr nach ihrem Erstflug **1988** stellte die Mrija im Rahmen der Flugerprobung mehr als 100 Gewichts-, Strecken- und Höhenweltrekorde auf, darunter den für das höchste Fluggewicht mit mehr als 500 Tonnen. Seit 2001 wird das Flugzeug als Transportmittel für besondere Aufgaben von der ukrainischen Antonov Airlines im Charterverkehr betrieben. Bisher ist allerdings nur ein Exemplar gebaut und in Betrieb genommen worden.

Der **Airbus A380** ist das bislang größte Passagierflugzeug in der Geschichte der zivilen Luftfahrt. Er wird von dem europäischen Konsortium ‚Airbus Group' hergestellt. Dabei liefert Deutschland das vordere und hintere Rumpfteil sowie das Seitenleitwerk, das Mittelteil kommt aus Frankreich, während Großbritannien die Tragflächen und Spanien das Heck beisteuert. Die Endmontage findet in Toulouse statt und schlussendlich wird im Airbus-Werk Hamburg-Finkenwerder die Innenausstattung eingebaut, wo der Riese auch lackiert wird. Das Großraum-Langstreckenflugzeug hatte **2005** seinen Jungfernflug und wurde zwei Jahre danach in Toulouse an den ersten Kunden übergeben.

Airbus A380-800 (75)

In der Basisversion des A380 finden 555 Fluggäste auf zwei übereinanderliegenden Decks Platz. Mit engeren Stuhlreihen kann das Flugzeug sogar bis zu 853 Passagiere aufnehmen und damit 40 % mehr als der Boeing-Konkurrent 747. Das Cockpit befindet sich zwischen Haupt- und Oberdeck und ist nur über eine schusssichere Tür zugänglich. Das gigantische Flugzeug mit einer Spannweite von 80 m ist in der Lage, bei einer Reisegeschwindigkeit von etwa 915 km/h mehr als 15.000 Kilometer ohne Zwischenlandung zurückzulegen. Um das Gewicht zu reduzieren, werden 40 % aller Komponenten aus Verbundwerkstoffen gefertigt. Die Größe des Mega-Liners und sein max. Startgewicht von knapp 600 Tonnen sind so gewaltig, dass manche Flughäfen ihre Rollbahnen und Andockplätze baulich anpassen mussten. Um den heutigen Umweltauflagen zu genügen, ist der A380 mit vier leisen und emissionsarmen Triebwerken ausrüstet, die einen Durchmesser von knapp drei Metern haben. Diese Rolls-Royce- oder Engine-Alliance-Turbinen sind die größten und leistungsfähigsten Aggregate, die je für ein vierstrahliges Passagierflugzeug entwickelt wurden. Als erstes Langstreckenflugzeug verbraucht der A380 nach Herstellerangaben pro Passagier auf 100 Kilometer nur noch drei Liter Kerosin. Damit sollen die Betriebskosten um bis zu 20 % unter denen des amerikanischen Wettbewerbers Boeing 747 liegen. Als Stückpreis werden etwa 430 Mio. US-Dollar angegeben, wobei die Rabatte im Allgemeinen zwischen 20 und 60 Prozent betragen.

A380 Cockpit
Naddsy, CC BY 2.0 (76)

Das Flugzeug wird wie fast alle Airbustypen mittels Sidestick (links und rechts im Bild) per Fly-by-Wire gesteuert.

In letzter Zeit sind für den A380 dunkle Wolken am Horizont aufgezogen. Zwar sind schon von den mehr als 300 Festbestellungen über 200 Exemplare ausgeliefert worden, doch liegt diese Menge weit unter den rund 400 Stück, die der Hersteller bei der Entwicklung eingeplant hatte. Gerade noch rechtzeitig hat 2018 der größte Kunde des A380, die Golfairline ‚Emirates', mit einer festen Bestellung von 20 Exemplaren den Flugzeugtyp vor dem Aus gerettet.

Das Großraumflugzeug **Airbus A350** hat zwei sparsame Rolls-Royce- bzw. General Electric GEnx-Mantelstromtriebwerke und ist für 250 bis 300 Fluggäste sowie für Langstrecken von bis zu 16.000 Kilometern konzipiert. Es ist das Verkehrsflugzeug mit dem momentan höchsten Anteil an Kohlefaserverbundwerkstoffen. Der Jungfernflug erfolgte **2013** und ein Jahr später wurde die erste Maschine von einer Fluglinie übernommen. Innerhalb von vier Jahren sind von den drei möglichen Varianten rund 100 Flugzeuge ausgeliefert worden.

A350 First Flight
Don-vip, CC BY-SA 3.0 (78)

Die **Boeing 787**, auch ‚Dreamliner' genannt, ist ein zweistrahliges Langstrecken-Verkehrsflugzeug für bis zu 300 Passagiere. Es ist das erste Großraumflugzeug, dessen Rumpf zu einem Großteil aus kohlenstofffaserverstärktem Kunststoff aufgebaut ist. **2011** wurde nach dreieinhalbjähriger Verzögerung die erste Maschine ausgeliefert. Nach Angaben von Boeing soll der Kerosinverbrauch 2,5 Liter/100 km/Passagier betragen. Die B787 wird in drei Varianten angeboten, von denen mittlerweile insgesamt schon annähernd 600 Maschinen verkauft werden konnten.

Boeing 787 Dreamliner
José A. Montes, CC BY 2.0 (77)

Die Hubschrauber der Neuzeit

Als aktueller Nachfolger der legendären Bo 105 hob **1994** auf dem MBB-Werksgelände in Ottobrunn bei München der **Eurocopter EC 135** zu seinem Jungfernflug ab. Zwei Jahre später lief die Serienproduktion an.

Eurocopter EC-135
Roel Hemkes, CC BY 2.0 (83)

Die EC 135 war der erste gemeinsam entwickelte Zivilhubschrauber, der aus der deutsch-französischen Kooperation zwischen ‚DaimlerChrysler Aerospace AG' (DASA) und ‚Aérospatiale' entstand, die beide später zur ‚Eurocopter Group' fusionierten. Seit 2014 tritt dieses Unternehmen unter dem neuen Markennamen ‚Airbus Helicopters' auf, woraufhin die ehemalige Bezeichnung EC 135 in **H135** umbenannt wurde.

Der Hubschrauber ist zum größten Teil aus CFK gefertigt und wurde mit einem gelenk- und lagerlosen Rotorkopf mit vier GFK-Rotorblättern ausgestattet. Außerdem verfügt er über eine moderne Fly-by-wire-Technik (elektronische Flugsteuerung). Als Besonderheit besitzt der H135 einen ummantelten ‚Fenestron' Heckrotor, der für eine deutliche Geräuschreduzierung und für wesentlich mehr Sicherheit im

Heckbereich sorgt. Die beiden Turbomeca- oder Pratt & Whitney-Triebwerke verleihen ihm eine Geschwindigkeit von max. 260 km/h und sind bei einer Leistungsabgabe von je rund 800 WPS so bemessen, dass selbst bei Ausfall einer der beiden Gasturbinen der Helikopter noch flugfähig ist.

Der H135 wird in vielen Ländern als Polizei- und bevorzugt als Rettungshubschrauber eingesetzt sowie unter der Bezeichnung EC 635 bzw. neuerdings als H135M auch in einer Militärversion bereitgestellt.

Der Hubschrauber **MD 902 Explorer** des amerikanischen Herstellers ‚MD Helicopters' (McDonnell Douglas) gilt als stärkster Konkurrent der europäischen H135. Der sechssitzige Hubschrauber wird seit **1998** standardmäßig mit zwei Pratt & Whitney-Turbinen-antrieben ausgeliefert, die eine max. zulässige Geschwindigkeit von 260 km/h ermöglichen. Die Zelle und die fünf gelenklosen Rotorblätter bestehen aus Kohlefaserverbundwerkstoffen.

MD 902 Explorer
Benjamin Randriamanampisoa, CC BY-SA 3.0 (85)

Das Besondere an der MD 902 ist ein spezielles Gebläse am Heck, das den konventionellen Heckrotor ersetzt. Das mit NOTAR (No Tail Rotor = kein Heckrotor) bezeichnete System erzeugt zum Drehmomentausgleich des Hauptrotors einen nach außen gerichteten Luftstrahl, der durch eine drehbar gelagerte Steuerdüse am Ende des Auslegers austritt. Ein Teil des Hauptrotorabwindes wird hierbei durch ein im Rumpf befindliches Verdichterrad beschleunigt und in den Heckausleger geblasen. Dieses System findet vor allem im Schwebeflug oder bei langsamen Fluggeschwindigkeiten Anwendung. Im schnellen Vorwärtsflug wird der Hubschrauber hingegen über große lenkbare Stabilisierungsflossen gesteuert, die als Seitenruder fungieren. Hubschrauber mit dem NOTAR-System gelten bei bodennahen Flügen als besonders sicher, weil die Gefährdung von Personen beim Rettungseinsatz durch den fehlenden Heckrotor entfällt. Zudem wird der Anteil des Geräuschpegels damit um bis zu 30 % reduziert.

Häufig im Polizei- und Rettungsdienst eingesetzt, wird der MD 902 Explorer inzwischen auch als bewaffnete militärische Variante mit der Bezeichnung ‚MH-90 Enforcer' angeboten.

Der Kampfhubschrauber

Der **AH-64 Apache** ist ein hochmoderner Angriffs- und Panzerabwehrhubschrauber, der ursprünglich von dem amerikanischen Unternehmen Hughes Aircraft (heute Boeing) entwickelt und produziert wurde. Seine außerordentlichen Fähigkeiten konnte der Prototyp erstmals **1975** unter Beweis stellen und ging nach einer 7-jährigen Testphase in die Serienproduktion.

Unter Normalbedingungen erreicht der Hubschrauber mit seinen beiden General Electric-Turbinen eine Geschwindigkeit von 290 km/h sowie die beachtliche Steigrate von fast 13 m/s.

Als Bewaffnung für Nahziele dient eine außen unter dem Pilotensitz angebrachte 30 mm-Bordkanone. Für die weiter entfernten Zielobjekte kann der Apache mit an seinen Stummelflügeln eingeklinkten, lasergelenkten Abwehrraketen bestückt werden.

Westland Apache WAH-64D Longbow (86)

Kernstück des Apache AH-64 ist das sog. ‚Fire Control Radar' an der Nase des Helikopters, mit dem Ziele sowohl im sichtbaren als auch im infraroten Bereich geortet werden können. Bei der AH-64D ‚Longbow' kommt zudem ein oben auf dem Rotormast installiertes Feuerleitradar zum Tragen, das bis zu 128 Ziele erkennen und klassifizieren kann. Die Anvisierung eines Ziels erfolgt dann über das ‚Integrierte Helm-Sichtsystem'. Mit diesem Visiersystem schwenkt der Zielerfassungslaser entsprechend der Kopfbewegung des Piloten in Richtung des zu erfassenden Objekts.

Der AH-64 Apache, der eine wesentliche Rolle in Afghanistan und während der Golfkriege spielte, gehört zu den derzeit wirkungsvollsten Kampfhubschraubern und wurde bis heute mit über 2.000 Stück in verschiedenen Versionen ausgeliefert.

Der **Eurocopter Tiger** mit der Bezeichnung ‚Kampfhubschrauber Tiger' ist ein in deutsch-französischer Koproduktion bei Airbus Helicopters gefertigter Hubschrauber, dessen Triebwerke von der ‚MTU Turbomeca Rolls-Royce GmbH' in Hallbergmoos bei München gebaut werden. Der Prototyp startete zwar schon **1991**, aber erst nach 12 Jahren wurde er in Serie gefertigt und gleich darauf in die französische Armee und schließlich 2008 auch in die Bundeswehr eingegliedert.

Die Vorteile des Tigers gegenüber dem mittlerweile ausgemusterten ‚Bo 105 PAH Panzerabwehrhubschrauber' liegen vor allem in der besseren und flexibleren Bewaffnung, der höheren Wendigkeit und Schnelligkeit, der hypermodernen Technik und der Verwendung von Verbundwerkstoffen, die bei geringerem Gewicht eine hohe Crashsicherheit und Beschussfestigkeit gewährleisten. Selbst bei Ausfall eines der beiden bis ca. 1100 kW leistenden Triebwerke ist der Helikopter noch in der Lage, seinen Kampfauftrag zu erfüllen.

Eurocopter Tiger EC665
Kogo, CC BY-SA 3.0 (87)

Ausgestattet mit einem gelenklosen Vierblatt-Hauptrotor ist ohne Bewaffnung und Mastvisier eine maximale Geschwindigkeit von über 300 km/h erreichbar. In die Avionik des Tigers ist u. a. ein Autopilot integriert, wobei alle wichtigen Systeme doppelt und z. T. sogar dreifach redundant miteinander vernetzt sind. An den Seiten des Rumpfes sind zwei Stummelflügel zum Befestigen von Raketen unterschiedlichen Typs angebracht.

Das auf dem Rotorschaft montierbare ‚Osiris-Mastvisier', das eine Wärmebildkamera, TV-Kamera und einen Laser-Entfernungsmesser beinhaltet, ermöglicht es, mit dem Hubschrauber vollständig in Deckung zu bleiben und dabei gleichzeitig den Feind zu beobachten.

EC 665 Tiger Osiris Mastvisier
Julian Herzog, CC BY 2.0 (88)

Bis heute sind etwa 80 Tiger an die Herstellerstaaten sowie an Spanien und Australien ausgeliefert worden.

Senkrecht startende Flugzeuge

Das Kipprotorflugzeug

Als Kipprotor (auch Schwenkrotor oder Tiltrotor) werden Propellerantriebe von Luftfahrzeugen bezeichnet, die durch Verdrehen der Antriebsgondeln die Schubrichtung verändern können. Bei Start und Landung sowie im Schwebeflug ist der Rotor nach oben gerichtet, sodass sich das Fluggerät in diesen Phasen wie ein Hubschrauber verhält. Um Vorwärtsfahrt aufzunehmen, werden die Triebwerksgondeln allmählich um 90 Grad nach vorne geschwenkt. Mit zunehmender Geschwindigkeit erzeugen dann die Tragflächen den Auftrieb und beide Rotoren wirken nur noch als normale Propeller.

Sinn und Zweck des Kipprotorflugzeugs, auch ‚Wandelflugzeug' genannt, ist die Vereinigung der Flugeigenschaften eines Hubschraubers mit der wesentlich höheren Geschwindigkeit eines Flugzeuges.

Die **Bell-Boeing V-22 Osprey** (= Fischadler) ist ein solches Kipprotorflugzeug und das weltweit erste seiner Art. Es kann vertikal starten und landen und kommt auch bei höherer Zuladung mit einer extrem kurzen Landebahn aus. **1989** fand der Jungfernflug statt und nach ausgiebigen Tests erfolgte 16 Jahre später die Indienststellung bei den US-Streitkräften.

V-22 Osprey
John5199, CC BY 2.0 (89)

Die beiden Rotoren werden von Rolls-Royce-Wellenturbinen angetrieben und bringen das Flugzeug auf eine Höchstgeschwindigkeit von 565 km/h. Die Kontrolle des Schwebeflugs erfolgt wie beim Hubschrauber durch je eine Taumelscheibe per zyklischer und kollektiver Blattverstellung. Zur Sicherheit sind beide Rotoren für den Fall eines Triebwerkschadens mittels einer Transmissionswelle fest miteinander verbunden.

Die Osprey wird sowohl für Truppentransporte als auch für Rettungs- und Kampfeinsätze genutzt. In der Parkposition können die Rotoren gefaltet und die Tragflächen um 90 °

beigeklappt werden, weshalb die Maschine hinsichtlich des geringen Platzbedarfs auch auf Flugzeugträgern zum Einsatz kommt. Im zivilen Bereich wird die V-22 für Verbindungsflüge zu Schiffen und Ölbohrplattformen verwendet.

Der senkrecht startende Kampfjet

Der **Hawker Siddeley Harrier** ist ein einstrahliges Kampfflugzeug, das nicht nur senkrecht starten und landen, sondern aufgrund seiner schwenkbaren Düsen auch seitwärts sowie rückwärts fliegen kann. Der Prototyp hob **1960** zum ersten Mal ab und nach konstruktiven Verbesserungen erfolgte sieben Jahre später die Serienfertigung des Flugzeugs.

AV-8B Harrier II (106)

Als ‚Sea Harrier' wird der Jet hauptsächlich auf Flugzeugträgern eingesetzt, wo er vollgetankt und vollbeladen allerdings eine kurze Anlaufstrecke benötigt. Seine Bewährungsprobe bestand der Düsenjäger Anfang der 80er Jahre während des Falklandkrieges, als er sich hinsichtlich seiner unglaublichen Manövrierfähigkeit im Luftkampf als ebenbürtig mit reinen Jagdflugzeugen erwies. In seiner weiterentwickelten Version ‚McDonnell Douglas AV-8B Harrier II' soll er noch bis etwa 2020 im Einsatz bleiben.

Die Zukunft der Luftfahrt

Von den Anfängen der Luftfahrt bis heute ist nur etwas mehr als ein Jahrhundert vergangen. In diesem Zeitraum hat sich eine beispiellose Entwicklung vollzogen. Mit der damit verbundenen rasanten Zunahme des Luftverkehrs tauchen jedoch immer mehr Probleme auf. Laut US-Energieministerium verbraucht der internationale Flugverkehr täglich mehr als eine Milliarde Liter Kerosin, das entspricht etwa 12.000 Liter pro Sekunde. Damit hat sich der Verbrauch trotz immer sparsamer werdender Flugzeuge in den letzten 20 Jahren nahezu verdoppelt.

Um die drängenden Probleme der Branche lösen zu können, arbeitet man daher weltweit fieberhaft an neuen Flugzeugkonzepten und Antriebstechnologien.

Im Bereich der Triebwerke haben beispielsweise Pratt & Whitney und MTU zusammen den sog. **Getriebefan** entwickelt, mit dem sich bis zu 15 % Sprit einsparen lassen und der mit einer Lärmreduzierung von 50 % einen neuen Standard setzt.

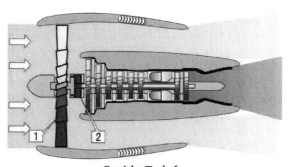

Getriebe-Turbofan
Tosaka, CC BY-SA 3.0 (96)
Fan (1) und Zwischengetriebe (2)

Mittels Zwischengetriebe wird hierbei die Drehzahl des Fans gesenkt und gleichzeitig die der Turbine erhöht, sodass beide Komponenten in ihrem jeweils optimalen Drehzahlbereich arbeiten.

Ingenieure denken auch über nicht ummantelte Turbinen, sog. **Open-Rotor**-Konzepte, nach.

Modell UDF
Duch, CC BY-SA 4.0 (97)

Der Open-Rotor, auch ‚Open Fan' genannt, nutzt im Kern ein konventionelles Triebwerk, das zwei große, offenliegende vielblättrige Schaufelräder mit Sichelprofil antreibt, die sich gegenläufig drehen. Im Gegensatz zu einem konventionellen Jet-Triebwerk gibt der Open-Rotor bis zu 60-mal mehr Luft als Schubstrahl nach hinten ab und soll auf diese Weise eine Treibstoffersparnis von bis zu 30 % ermöglichen.

Zukunftsweisend ist auch die als **Boxwing** bezeichnete schachtelförmige Anordnung der Tragflächen.

Demonstration eines PrandtlPlane-Frachtflugzeugs
Vittorio C, CC BY-SA 3.0 (98)

Dort, wo bei herkömmlichen Jets die hochgezogenen Flügelspitzen (Winglets) enden, gehen bei diesem Typ die Flügel weiter bis zum Heckleitwerk und verleihen dadurch dem Flugzeug eine höhere Festigkeit und ein stabileres Flugverhalten. Diese Neuerung soll sowohl Treibstoff sparen als auch den Geräuschpegel deutlich reduzieren.

In absehbarer Zeit soll eine bisher nur militärisch bei Tarnkappenbombern genutzte Technik Einzug in die zivile Luftfahrt halten. Gigantische **Nurflügler**, also Flugzeuge ohne Rumpf, die Hunderte von Passagieren und große Mengen an Nutzlast in ihren Flügeln unterbringen könnten. Der wegfallende Flugzeugrumpf verringert dabei nicht nur das Gewicht, sondern verbessert durch die geringere Oberfläche auch die Aerodynamik. Neueste Forschungsergebnisse gehen bei diesem Konzept von einer Treibstoffersparnis von bis zu 30 % aus.

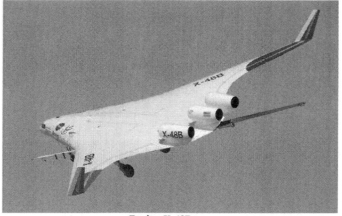

Boeing X-48B (99)

Gemeinsam mit Boeing entwickelte die NASA das knapp 11 m lange und ferngesteuerte Experimentalflugzeug **X-48**, um mit ihm die Eigenheiten einer speziellen Nurflügler-Form zu erkunden.

Eine andere Möglichkeit, Flugzeuge effizienter betreiben zu können, ist das Auftragen spezieller **Lacke** mit haischuppenähnlicher Struktur auf die Außenhaut. Die mikroskopisch kleinen Rillen sollen mit der damit verbundenen verringerten Reibung ebenfalls Treibstoff einsparen.

Außerdem soll das Strömungsverhalten der Luft durch **umgekehrte Pfeilung** der Tragflügel verbessert werden und so zur Treibstoffersparnis beitragen.

Experimentalflugzeug X-29 (100)

Der Flugschrauber

Mit dem ‚Eurocopter x3' und dem ‚Sikorsky X2' hielt ein neuer Drehflüglertyp Einzug in die Luftfahrt: der Flugschrauber, ein Hybridfluggerät, das eine Zwitterfunktion zwischen Flugzeug und Hubschrauber einnimmt. Ähnlich wie beim Tragschrauber wird auch der Flugschrauber von einem Propeller vorangetrieben, der Rotor jedoch nicht durch die anströmende Luft, sondern durch eine Turbine in Drehung versetzt.

Beweggrund dieser Projekte war es, die Vorteile eines senkrecht startenden und landenden Hubschraubers mit denen eines schnell fliegenden Propellerflugzeugs zu vereinen.

Der **Eurocopter x3** war ein Highspeed-Hybrid-Helikopter des Hubschrauberherstellers ‚Eurocopter', der **2010** vorgestellt wurde und drei Jahre danach mit einer Geschwindigkeit von 472 km/h einen neuen inoffiziellen Weltrekord als schnellster Drehflügler erzielte. Als Triebwerke verwendete man zwei Gasturbinen, die über ein Getriebe sowohl den Fünfblattrotor als auch die beiden an den Stummelflügeln angebrachten Propeller antrieben. Letztere hatten neben dem Vortrieb auch die Aufgabe, das Rotor-Drehmoment durch unterschiedlichen Schub auszugleichen. Bei höheren Geschwindigkeiten übernahmen dann zunehmend die Seitenleitwerke diese Funktion.

Eurocopter X3
Bernd.Brincken, CC BY-SA 3.0 (90)

2013 wurde der x3 nach Beendigung der Experimentalphase wie geplant außer Dienst gestellt und im folgenden Jahr dem Luftfahrtmuseum in Le Bourget bei Paris übergeben.

Auch der **Sikorsky X2** des amerikanischen Herstellers ‚Sikorsky Aircraft Corporation' war ein als Flugschrauber ausgelegter experimenteller Hochgeschwindigkeits-Helikopter. Im Gegensatz zum x3 verwendete man bei ihm jedoch statt eines Hauptrotors zwei gegenläufig drehende Koaxialrotoren und einen Schubpropeller am Heck. Zwei Jahre nach seinem Erstflug **2008** erreichte der X2 bei einem Test die als Entwicklungsziel gesetzte Geschwindigkeit von 463 km/h, woraufhin auch das X2-Programm nach nur 23 Experimentalflügen wieder eingestellt wurde.

Mit der **Sikorsky/Boeing SB>1 Defiant** setzen die beiden Herstellerfirmen auf das schon mit der X2 erprobte Konzept.

SB-1 Defiant Konzept von Sikorsky-Boeing
Dylan Malysov, CC BY-SA 4.0 (91)

Mittels übereinander angeordneter Koaxialrotoren soll der Militär-Flugschrauber in Kombination mit seinem Schubpropeller am Heck eine Geschwindigkeit von rund 425 km/h erreichen.

Der russische Hersteller Kamow, der seit jeher die Koaxialrotor-Bauweise verwendet, arbeitet mit dem **Kamov Ka-92** an einem schnellen zivilen Reisehubschrauber mit zwei gegenläufigen Druckpropellern am Heck. Als Antrieb sind zwei Triebwerke vorgesehen, die eine Reisegeschwindigkeit von etwa 430 km/h ermöglichen sollen.

Modell einer Kamov Ka-92, 2009
Vitaly V. Kuzmin, CC BY-SA 4.0 (92)

Der Ka-92 ist Teil eines Programms des neu gegründeten Unternehmens ‚Russian Helicopters', das beabsichtigt, eine neue Generation von High-Speed-Hubschraubern für etwa 30 Personen zu entwickeln. Es wird erwartet, dass der Prototyp im Jahr 2018 abheben und mit der Produktion im Jahr 2022 begonnen werden soll.

Das elektrische Fliegen

Die Konzeptschmiede ‚Bauhaus Luftfahrt' präsentierte 2012 auf der Luft- und Raumfahrtausstellung (ILA) in Berlin erstmals das Kurzstrecken-Passagier-flugzeug **Ce-Liner**, das mit Akkus betrieben werden soll. Das Flugzeug mit seinen aerodynamisch gebogenen Flügeln (C-Wing) könnte im Jahr 2035 mit 190 Passagieren abheben, wobei die Akkus die Energie für bis zu 1.600 km lange Flugreisen liefern sollen. Am Ziel angekommen, würden die Akkucontainer binnen weniger als 30 Minuten einfach ausgetauscht.

Damit der Ce-Liner aber überhaupt erst in Betrieb gehen kann, müssten zunächst Akkumulatoren mit einer wesentlich höheren Energiedichte entwickelt werden.

Auch Airbus arbeitet seit Jahren an der Zukunft des elektrischen Fliegens. Der zweisitzige **E-Fan** wird von zwei ummantelten Elektromotoren mit Propellern und einer Leistung von je 30 Kilowatt angetrieben. Den Strom hierfür liefert ein 137 kg schwerer Block aus Lithium-Polymer-Akkus. Das Testmodell ist für maximal eine Flugstunde sowie für eine Höchstgeschwindigkeit von 220 km/h ausgelegt und verbraucht dabei nur sehr wenig Strom.

E-Fan Airbus
Dirk Schwarz , CC BY-SA 3.0 (101)

Über die neue Airbus-Tochter ‚VoltAir' mit Sitz in Bordeaux sollte eigentlich die Serienproduktion des E-Fan, der schon 2015 mit einer Ärmelkanal-Überquerung für Aufsehen sorgte, mit 80 Exemplaren anlaufen, doch 2017 wurde bekannt gegeben, dass das Projekt nicht weiter verfolgt wird.

Eine komplett andere Größenordnung ist der **Elektro-Airbus** mit **Hybrid-Antrieb**, den der Luftfahrtkonzern in Form eines kleinen Regionalflugzeugs mit bis zu 90 Sitzen plant und zu dem Rolls-Royce und Siemens die Antriebe liefern sollen. Airbus sieht darin einen besonders interessanten Markt, weil Elektroflugzeuge kaum Fluglärm erzeugen und somit auch nachts starten und landen könnten. Das Besondere an diesem **E-Thrust** genannten Forschungsprojekt ist der Antrieb des Flugzeugs mit sechs Elektromotoren, die von einer zentral angeordneten Gasturbine über einen Puffer-Akku mit Strom versorgt werden.

Das nach wie vor größte Problem sind aber immer noch die viel zu schweren Lithium-Ionen-Akkus. Deshalb geht man bei Airbus davon aus, dass es noch Jahrzehnte dauern wird, bis größere Passagierflugzeuge mit Elektroantrieb fliegen werden.

Das Wasserstoffflugzeug

Als Wasserstoffflugzeug wird ein Flugzeug bezeichnet, das durch Wasserstoff mittels einer Brennstoffzelle angetrieben wird. Diese wandelt die im Wasserstoff enthaltene Energie in Kombination mit dem Luftsauer-stoff umweltfreundlich in Elektrizität um und versorgt so einen Elektromotor, der die Luftschraube antreibt. Da Wasserstoff bei gleicher Masse die 2,8-fache Energie enthält wie Kerosin, würde ein Wasserstoffflugzeug bei gleicher Reichweite erheblich weniger Treibstoff benötigen und würde somit den Transport höherer Nutzlasten ermöglichen. Allerdings ist das Volumen von flüssigem Wasserstoff etwa viermal größer als das von Kerosin. Deshalb diskutiert man darüber, den Wasserstofftank im Rumpf oberhalb der Kabine unterzubringen.

Doppelrumpfkonstruktion Hy4
Jean-Marie Urlacher, CC-BY-SA 4.0 (102)

Das Deutsche Zentrum für Luft- und Raumfahrt (DLR) stellte 2015 das viersitzige, wasserstoffbetriebene Brennstoffzellen-Passagierflugzeuges **HY4** vor, das bei einer Reisefluggeschwindigkeit von 165 km/h eine Strecke von bis zu 1.500 km zurücklegen kann.

Das Solarflugzeug

Die Elektromotoren eines Solarflugzeugs werden ausschließlich durch die Energie sonnenbestrahlter Solarzellen angetrieben. Solcherlei Flugzeuge werden jedoch immer ein Nischenprodukt bleiben, denn für größere Maschinen ist die zur Verfügung stehende Solarfläche nicht ausreichend genug.

Dem schweizer Wissenschaftler **Bertrand Piccard**, der schon 1999 mit dem Heißluftballon ‚Breitling Orbiter 3' eine Nonstop-Weltumrundung durchgeführt hatte, gelang 17 Jahre danach mit dem Solarflugzeug **Solar Impulse 2** (HB-SIB) eine erneute Weltumrundung.

Solar Impulse, Prototyp HB-SIA 2009
Matth1, CC BY-SA 3.0 (107)

Zusammen mit dem Piloten und Chefentwickler des Projekts, **André Borschberg**, legten sie die über 42.000 Kilometer lange Flugdistanz in den Jahren 2015/16 in mehreren Etappen zurück. Die beiden Pioniere starteten von Abu Dhabi aus über Indien, China und Japan und landeten nach 8.300 km in Hawaii, um dort die überhitzten Batterien auszutauschen. Neun Monate später setzten sie ihren Interkontinentalflug über den Pazifik, Kalifornien, Nordamerika, den Atlantik und über das spanische Sierra Nevada-Gebirge fort und landeten am Ende wieder in Abu Dhabi. Insgesamt waren die beiden Protagonisten bei einer durchschnittlichen Geschwindigkeit von rund 75 km/h in ihrem mit 17.000 Solarzellen bestückten Flugzeug über 23 Tage rund um die Uhr in der Luft.

Der Multikopter

Ein Multikopter ist ein hubschrauberähnliches Fluggerät, bei dem elektrisch angetriebene Propellerrotoren für den Auf- und Vortrieb sorgen. Das Heben und Senken sowie die Lenkbarkeit in allen Richtungen wird allein durch die Änderung der Drehzahl der einzelnen Elektromotoren erreicht. Die automatische Regelung er-fordert allerdings eine ausgefeilte Computertechnik sowie aufwändige Kreiselsysteme, ohne die das ansonsten kippelige Gerät kaum steuerbar wäre.

In der Modellbauszene sind Multikopter mit unterschiedlicher Rotorenzahl schon seit Jahren zu Hunderttausenden in der Luft und erfreuen sich wegen ihrer leichten Beherrschbarkeit immer größerer Beliebtheit. Deshalb war es nur noch eine Frage der Zeit, bis findige Ingenieure auf die Idee kamen, dieses neuartige Hubschrauber-Konzept auch manntragend umzusetzen.

Modell des Volocopter 2X auf der IAA 2017
Matti Blume, CC BY-SA 4.0 (72)

Ebenso spielerisch leicht zu fliegen soll auch der von dem Karlsruher Unternehmen ‚e-volo' entwickelte Multikopter **Volocopter 2X** sein, der **2016** zu seinem Erstflug abhob. Die doppelsitzige Passagier-Drohne mit einem Ringdurchmesser von 7,35 Meter wird mittels Joystick per Fly-by-wire gesteuert. Mehrere sich gegenseitig überwachende und vernetzte Computer, die jeden der 18 Elektromotoren unabhängig voneinander in der Drehzahl regulieren, übernehmen dabei die Lageregelung sowie die Richtungssteuerung und sollen zudem ein Höchstmaß an Ausfallsicherheit gewährleisten. Die neun Hochleistungs-Lithium-Ionen-Akkus ermöglichen eine Geschwindigkeit von etwa 100 km/h bei einer Flugdauer von maximal ½ Stunde. Der rund 300.000 Euro teure Volocopter wird mit einem raketengezündetem Fallschirm-Rettungssystem ausgestattet, das bei normalen Hubschraubern bzw. Tragschraubern wegen des Hauptrotors nicht möglich ist.

Als autonomes Luft-Taxi soll der 2X zukünftig via Smartphone auf Abruf zum nächstgelegenen Hubschrauber-Landeplatz geordert werden können. Dubai ist hierbei der Vorreiter: Dort ist bereits ein Volocopter 10 Minuten lang autonom geflogen und bis zum Jahr 2030 soll ein Viertel des Personenverkehrs in der Hauptstadt des Emirats mit sich selbst steuernden Fahrzeugen am Boden und in der Luft abgewickelt werden.

Der suborbitale Raumflug

Im Jahre 2003 hob vom Mojave Air & Space Port in der gleichnamigen Wüste in Kalifornien eine Tandem-Konfiguration zweier Flugzeuge zum experimentellen Erprobungsflug ab. Sinn und Zweck des Projektes war es, die offiziell definierte Grenze zum Weltraum von 100 Kilometer zu durchbrechen. Nachdem konventionelle Triebwerke in diesen Höhen nicht mehr funktionieren, entschied man sich, einen raketenangetriebenen Raumgleiter mittels Trägerflugzeug über die Troposphäre zu befördern und von dort aus starten zu lassen.

2004 war es dann soweit: Vor Tausenden von Zuschauern wurde in etwa 14 km Höhe das **SpaceShipOne** von seinem Träger **White Knight** ausgeklinkt und überschritt danach mit 3-facher Schallgeschwindigkeit die Grenze zum Weltall, um hinterher wieder gleitend zur Erde zurückzukehren. Dieser historische Weltraumflug war der erste bemannte suborbitale Flug in der zivilen Luftfahrt. Wenige Tage später gelang es dem Team, das gewagte Unternehmen trotz einiger Schwierigkeiten ein zweites Mal durchzuführen.

White Knight and SpaceShipOne
Don Ramey Logan, CC BY-SA 3.0 (93)

Ausgangspunkt für diese suborbitale Flugreise war der von der ‚X-Prize Foundation' ausgesetzte ‚Ansari X-Prize' in Höhe von 10 Mio. Dollar, der demjenigen in Aussicht gestellt wurde, dem es als Erstem gelänge, in einem Fluggerät mit Pilot und zwei weiteren Personen oder entsprechendem Ballast die Höhe von 100 Kilometer zu überschreiten und diesen Vorgang mit demselben Gerät innerhalb von 14 Tagen nochmals zu wiederholen. Nach dem zweiten erfolgreichen Flug innerhalb der gesetzten Frist konnte das Preisgeld von dem projektierenden Unternehmen ‚Scaled Composites', das u. a. von Microsoft-Mitbegründer Paul Allen privat mitfinanziert wurde, entgegengenommen werden.

Im Anschluss daran wurde von der ‚The Spaceship Company' mit dem **SpaceShipTwo** und dem **White Knight Two** ein leistungsfähigeres Nachfolgemodell entwickelt, dessen erste Gleitflüge schon 2010 stattfanden. SpaceShipTwo war ausgelegt für zwei Piloten und für bis zu sechs Passagiere.

White Knight Two and SpaceShipTwo
Jeff Foust, CC BY 2.0 (94)

SpaceShipTwo, 2014
Roderick Eime, CC BY 2.0 (95)

Das Raumfahrzeug sollte eigentlich ab 2015 suborbitale Raumflüge durchführen und für den kommerziellen Weltraumtourismus genutzt werden, doch schon ein Jahr vor diesem Termin stürzte einer der beiden Prototypen bei einem Testflug ab und wurde zerstört. Einer der beiden Piloten kam dabei ums Leben, der andere wurde schwer verletzt.

2016 wurde das Nachfolgemodell, die **VSS Unity** (Virgin Space Ship), offiziell vorgestellt. Sieben Monate später fand der erste erfolgreiche Testflug statt, dem kurz darauf ein erster Gleitflug folgte. Im Oktober 2017 wurde bekannt gegeben, dass Unity innerhalb von sechs Monaten in den Weltraum reisen könnte.

In der Zwischenzeit konnten immerhin schon rund 700 Tickets für Weltraumausflüge trotz ungewissem Startzeitpunkt verkauft werden.

Das Hyperschallflugzeug

Als Hyperschall bzw. Hyperschallgeschwindigkeit wird der Bereich oberhalb der fünffachen Schallgeschwindigkeit (über Mach 5, also mind. 5.300 km/h) bezeichnet.

In 1 ½ Stunden von Europa aus auf die gegenüberliegende Seite des Erdballs zu kommen, das soll der Hyperschallflieger **SpaceLiner** ermöglichen, an dessen Verwirklichung die Forscher des Deutschen Zentrums für Luft- und Raumfahrt (DLR) in Bremen arbeiten.

Das komplett wiederverwendbare System besteht aus einer Boosterstufe und einer Passagierstufe, die beide einen umweltfreundlichen Raketenantrieb haben, der flüssigen Wasserstoff und Sauerstoff zu Wasserdampf verbrennt.

Die Trägerrakete soll zusammen mit der 50-sitzigen Passagierkapsel (Orbiter) senkrecht starten und in weniger als zehn Minuten auf mehr als die 20-fache Schallgeschwindigkeit beschleunigt werden. Der Start müsste allerdings weit entfernt von besiedelten Gebieten stattfinden, um die Anwohner vor dem Überschallknall zu schützen. Danach würde der Orbiter vom Booster getrennt und aus einer Höhe von rund 80 Kilometern durch die Erdatmosphäre hindurch zum Zielpunkt gleiten.

SpaceLiner7
ToSch1983 DLR, CC BY-SA 3.0 (103)

Eines der Probleme des Hyperschallflugs sind jedoch die auftretenden hohen Temperaturen von über 1.000 °C bei der Rückkehr zur Erde, weshalb derartige Raumfahrzeuge ähnlich wie seinerzeit beim Space Shuttle mit einem Hitzeschutz versehen werden müssen.

Trotzdem soll das Projekt nach Meinung der beteiligten Wissenschaftler in rund 40 Jahren zur Realität werden, wobei ein solcher Schnellflug allerdings mindestens 100.000 Euro pro Person kosten würde.

Der Weltraumtourismus

Der Weltraumtourismus begann bereits im Jahr 2001, als der erste Weltraumtourist in einem russischen Sojus-Raumschiff für etwa 20 Mio. US-Dollar auf die Internationale Raumstation (ISS) gebracht wurde. Ziele solcher Projekte sind derzeit, die Erdumlaufbahn als Flugerlebnis anzubieten bzw. der ISS einen Besuch abzustatten.

Die US-Firma ‚Space Adventures' plant in Kooperation mit Russland, künftig sogar Flüge um den Mond herum für 150 Mio. Dollar zu ermöglichen. Von einem russischen Kosmonauten gesteuert, würden auf dem 10-tägigen Flug in der Raumkapsel zwei Passagiere befördert werden.

Zumindest sind für diesen 2018 vorgesehenen Weltraumausflug schon Verträge mit zwei potentiellen Touristen abgeschlossen worden.

Die globalen Flugbewegungen

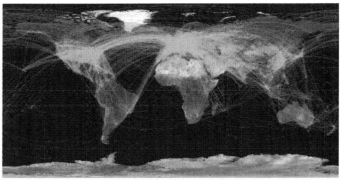

Der weltweite Fluglinienverkehr 2009
Jpatokal, CC BY-SA 3.0 (104)

Rund eine Million Menschen sind tagtäglich in etwa 100.000 Flugzeugen gleichzeitig rund um den Globus in der Luft und voraussichtlich 2034 werden doppelt so viele Flugzeuge unterwegs sein wie heute. Betrug das jährliche Passagieraufkommen noch vor 20 Jahren rund eine Milliarde Fluggäste, werden es Prognosen zufolge in weiteren 20 Jahren mehr als sieben Milliarden sein – das entspricht in etwa der Anzahl der Menschen, die heute auf dem gesamten Erdball leben.

Die Sicherheit im Flugverkehr

Laut Statistik verunglücken beim Fliegen deutlich weniger Menschen als bei einer Fahrt mit der Bahn, dem zweitsichersten Verkehrsmittel. Danach ist, gemessen an den zurückgelegten Reisekilometern, nach dem Motorrad das Fahren mit dem Auto mit Abstand am gefährlichsten.

Gründe für die niedrige Unfallquote bei Flugzeugen sind einerseits die hierzulande strikten Vorgaben in puncto Wartung und Instandhaltung und andererseits die gute Ausbildung der Piloten. Zur weiteren Sicherheit tragen die Trainingseinheiten der Flugzeugführer im Flugsimulator bei und letztlich die fliegerärztlichen Untersuchungen, denen sich Berufspiloten laufend unterziehen müssen. Wer eine dieser Überprüfungen nicht besteht, verliert automatisch seine Flugzulassung.

Hinzu kommen die ausgefeilten Assistenzsysteme, die den Piloten während des Flugs nicht nur unterstützen, sondern ihn gleichzeitig auch überwachen.

Trotz aller Möglichkeiten menschlichen oder technischen Versagens gilt das Flugzeug nach wie vor (neben dem Schiff) als das sicherste aller Verkehrsmittel.

Ready for take off ...

Weitere Veröffentlichungen des Autors:

Der Sudoku-Knacker

(Die neue Lösungstechnik zum effizienten Auflösen von Sudoku-Rätseln)

Als Taschenbuch: z. B. epubli.de oder amazon.de
Als E-Book: Kindle (mobi), z. B. amazon.de
Als E-Book: Tolino (epub), z. B. buch.de

Die Geschichte der Kunst
kurz und bündig

Als Taschenbuch: z. B. epubli.de oder amazon.de
Als E-Book: Kindle (mobi), z. B. amazon.de
Als E-Book: Tolino (epub), z. B. buch.de

Autoren- und Quellenverzeichnis

Die Verfasser/Autoren der Originalartikel sind durch Aufruf der unten angegebenen Links mit einem internetfähigen Gerät einsehbar. Sie gelangen durch Drücken auf den unterstrichenen bzw. blau gefärbten Titel (Überschrift) zum Originaltext.

Ikarus + Dädalus
https://de.wikipedia.org/w/index.php?title=Daidalos&action=history
Montgolfier Joseph und Jacques
https://de.wikipedia.org/w/index.php?title=Gebr%C3%BCder_Montgolfier&action=history
Charles Jacques
https://de.wikipedia.org/w/index.php?title=Jacques_Alexandre_C%C3%A9sar_Charles&action=history
Cayley George
https://de.wikipedia.org/w/index.php?title=George_Cayley&action=history
Lilienthal Otto
https://de.wikipedia.org/w/index.php?title=Otto_Lilienthal&action=history
Giffard Henri
https://de.wikipedia.org/w/index.php?title=Henri_Giffard&action=history
Schwarz David
https://de.wikipedia.org/w/index.php?title=David_Schwarz&action=history
Santos Dumont Alberto
https://de.wikipedia.org/w/index.php?title=Alberto_Santos_Dumont&action=history
Zeppelin
https://de.wikipedia.org/w/index.php?title=Ferdinand_von_Zeppelin&action=history
Wright Orville und Wilbur
https://de.wikipedia.org/w/index.php?title=Br%C3%BCder_Wright&action=history

Blériot Louis
https://de.wikipedia.org/w/index.php?title=Louis_Bl%C3%A9riot&action=history
Etrich Ignaz
https://de.wikipedia.org/w/index.php?title=Igo_Etrich&action=history
Cornu Paul
https://de.wikipedia.org/w/index.php?title=Paul_Cornu&action=history
Oehmichen Étienne
https://de.wikipedia.org/w/index.php?title=%C3%89tienne_%C5%92hmichen&action=history
Pescara Raúl Pateras
https://de.wikipedia.org/w/index.php?title=Ra%C3%BAl_Pateras_Pescara&action=history
Cierva, Juan de la
https://de.wikipedia.org/w/index.php?title=Juan_de_la_Cierva&action=history
Junkers Hugo
https://de.wikipedia.org/w/index.php?title=Hugo_Junkers&action=history
Lindbergh Charles
https://de.wikipedia.org/w/index.php?title=Charles_Lindbergh&action=history
Dornier Claude
https://de.wikipedia.org/w/index.php?title=Claude_Dornier&action=history
Boeing William Edward
https://de.wikipedia.org/w/index.php?title=William_Edward_Boeing&action=history
Junkers Ju 52
https://de.wikipedia.org/w/index.php?title=Junkers_Ju_52/3m&action=history
Douglas DC-3
https://de.wikipedia.org/w/index.php?title=Douglas_DC-3&action=history

Messerschmitt Willy
https://de.wikipedia.org/w/index.php?title=Willy_Messerschmitt&action=history
Focke-Wulf Fw 190
https://de.wikipedia.org/w/index.php?title=Focke-Wulf_Fw_190&action=history
Breguet Louis Charles
https://de.wikipedia.org/w/index.php?title=Louis_Charles_Breguet&action=history
Fw 61
https://de.wikipedia.org/w/index.php?title=Focke-Wulf_Fw_61&action=history
Flettner Anton
https://de.wikipedia.org/w/index.php?title=Anton_Flettner&action=history
Sikorsky Igor Iwanowitsch
https://de.wikipedia.org/w/index.php?title=Igor_Iwanowitsch_Sikorski&action=history
Bell 47
https://de.wikipedia.org/w/index.php?title=Bell_47&action=history
Douglas DC-7
https://de.wikipedia.org/w/index.php?title=Douglas_DC-7&action=history
Lockheed L.1649A Starliner
https://de.wikipedia.org/w/index.php?title=Lockheed_Starliner&action=history
Heinkel He 178
https://de.wikipedia.org/w/index.php?title=Heinkel_He_178&action=history
Turbinenstrahltriebwerk
https://de.wikipedia.org/w/index.php?title=Turbinen-Strahltriebwerk&action=history
Me 163 Komet
https://de.wikipedia.org/w/index.php?title=Messerschmitt_Me_163&action=history

Messerschmitt Me 262
https://de.wikipedia.org/w/index.php?title=Messerschmitt_Me_262&action=history
Vickers Viscount
https://de.wikipedia.org/w/index.php?title=Vickers_Viscount&action=history
Tupolew Tu-95
https://de.wikipedia.org/w/index.php?title=Tupolew_Tu-95&action=history
De Havilland Comet
https://de.wikipedia.org/w/index.php?title=De_Havilland_Comet&action=history
Boeing 707
https://de.wikipedia.org/w/index.php?title=Boeing_707&action=history
Douglas DC-8
https://de.wikipedia.org/w/index.php?title=Douglas_DC-8&action=history
Kaman K-225
https://de.wikipedia.org/w/index.php?title=Kaman_K-225&action=history
Bell UH-1 Iroquois
https://de.wikipedia.org/w/index.php?title=Bell_UH-1&action=history
Sikorsky S-64 Skycrane
https://de.wikipedia.org/w/index.php?title=Sikorsky_CH-54&action=history
Bölkow Bo 105
https://de.wikipedia.org/w/index.php?title=B%C3%B6lkow_Bo_105&action=history
Mil Mi-26
https://de.wikipedia.org/w/index.php?title=Mil_Mi-26&action=history
Überschallknall
https://de.wikipedia.org/w/index.php?title=%C3%9Cberschallflug&action=history

Lockheed F-104 ‚Starfighter'
https://de.wikipedia.org/w/index.php?title=Lockheed_F-104&action=history
Tupolew Tu-144
https://de.wikipedia.org/w/index.php?title=Tupolew_Tu-144&action=history
Concorde
https://de.wikipedia.org/w/index.php?title=Concorde&action=history
Boeing 747
https://de.wikipedia.org/w/index.php?title=Boeing_747&action=history
Airbus A300
https://de.wikipedia.org/w/index.php?title=Airbus_A300&action=history
Airbus-A320-Familie
https://de.wikipedia.org/w/index.php?title=Airbus-A320-Familie&action=history
Boeing 777
https://de.wikipedia.org/w/index.php?title=Boeing_777&action=history
Antonow An-225
https://de.wikipedia.org/w/index.php?title=Antonow_An-225&action=history
Airbus A380
https://de.wikipedia.org/w/index.php?title=Airbus_A380&action=history
Eurofighter Typhoon
https://de.wikipedia.org/w/index.php?title=Eurofighter_Typhoon&action=history
Airbus Helicopters
https://de.wikipedia.org/w/index.php?title=Airbus_Helicopters_H135&action=history
MD 902 Explorer
https://de.wikipedia.org/w/index.php?title=MD_Helicopters_Explorer&action=history
AH-64 Apache

https://de.wikipedia.org/w/index.php?title=Boeing_AH-64&action=history
Eurocopter Tiger
https://de.wikipedia.org/w/index.php?title=Eurocopter_Tiger&action=history
Bell-Boeing V-22 Osprey
https://de.wikipedia.org/w/index.php?title=Bell-Boeing_V-22&action=history
Hawker Siddeley Harrier
https://de.wikipedia.org/w/index.php?title=Hawker_Siddeley_Harrier&action=history
Eurocopter x3
https://de.wikipedia.org/w/index.php?title=Eurocopter_X3&action=history
Sikorsky X2
https://de.wikipedia.org/w/index.php?title=Sikorsky_X2&action=history
Kamov Ka-92 https://en.wikipedia.org/wiki/Kamov_Ka-92
SpaceShipOne + Two
https://de.wikipedia.org/w/index.php?title=SpaceShipOne&action=history
Mantelstrom- oder Turbofan-Triebwerk
https://de.wikipedia.org/w/index.php?title=Mantelstromtriebwerk&action=history
Wasserstoffflugzeug
https://de.wikipedia.org/w/index.php?title=Wasserstoffflugzeug&action=history
Solarflugzeug
https://de.wikipedia.org/w/index.php?title=Solarflugzeug&action=history
SpaceLiner
https://de.wikipedia.org/w/index.php?title=SpaceLiner&action=history
Weltraumtourismus
https://de.wikipedia.org/w/index.php?title=Weltraumtourismus&action=history

Tornado
https://de.wikipedia.org/w/index.php?title=Panavia_Tornado&action=history

Nachdem vorwiegend die freie Enzyklopädie Wikipedia (https://de.wikipedia.org/wiki/) als Informationsquelle verwendet wurde, unterliegt das vorliegende Werk gemäß den Nutzungsbedingungen der Wikimedia Foundation (dt. Übersetzung) der Doppellizenz GNU-Lizenz für freie Dokumentation (GFDL) und Creative Commons CC-BY-SA 3.0 Unported (Kurzfassung (de))
(https://de.wikipedia.org/wiki/GNU-Lizenz_f%C3%BCr_freie_Dokumentation
bzw. https://de.wikipedia.org/wiki/Creative_Commons).

Weitere Internetquellen:

http://www.planet-schule.de/
http://www.wasistwas.de/
http://www.bredow-web.de/index.html u. v. a.
Quellen in gedruckter Form:

Was ist was – Buchreihe
Geschichte – Die große Bild-Enzyklopädie
Wissenschaft und Technik – Die illustrierte Weltgeschichte
div. Fachzeitschriften u. v. a.

sowie spezifische Fernsehsendungen u. v. m.

Verwendete Schriftarten:
Tinos (serif) – Arimo: Copyright 2018, Helmut Igl. Lizenziert unter der Apache-Lizenz Version 2.0 vom Januar 2004 (die "Lizenz"): http://www.apache.org/licenses/LICENSE-2.0

SignikaNegative: Copyright (c) 2011 von Anna Giedryś (http://ancymonic.com) mit reservierten Fontnamen "Signika". Diese Font Software ist lizenziert unter der SIL Open Font Lizenz, Version 1.1. vom 26. Februar 2007:
http://scripts.sil.org/OFL

Bildquellenverzeichnis

Sämtliche Abbildungen sind entweder public domain/gemeinfrei (PD-Art, PD-old) oder mit den erforderlichen Lizenzen ausgestattet. Unter jedem Bild steht der Titel und soweit erforderlich der Name/Pseudonym des Fotografen sowie die dazugehörige Lizenz. Die in Klammern gesetzte Zahl verweist auf den unten angegebenen Link, der nach Aufruf Informationen über Bildinhalt, Titel, Urheber und Lizenzbedingungen anzeigt.

Alle nicht näher gekennzeichneten Bilder sind lizenzfrei oder stehen unter der Lizenz CC0 1.0 bzw. GNU FDL.

1) https://de.wikipedia.org/wiki/Datei:Montgolfiere_1783.jpg
2) https://commons.wikimedia.org/wiki/File:Jacques_Charles_Luftschiff.jpg
3) https://de.wikipedia.org/wiki/Datei:Normalsegelapparat_1895.jpg
4) https://commons.wikimedia.org/wiki/File:Lilienthal_in_flight.jpg
5) https://www.flickr.com/photos/nasacommons/29524193560
6) https://commons.wikimedia.org/wiki/File:SchwarzAirship.jpg
7) https://de.wikipedia.org/wiki/Alberto_Santos_Dumont#/media/File:Santos-Dumont_No6.jpg
8) https://pl.wikipedia.org/wiki/LZ_1#/media/File:First_Zeppelin_ascent.jpg
9) https://de.wikipedia.org/wiki/LZ_129#/media/File:Zeppelin_Postkarte_1936_a.jpg
10) https://www.flickr.com/photos/29998366@N02/4796119948
11) https://www.flickr.com/photos/nationaalarchief/6943970366/
12) https://de.wikipedia.org/wiki/Datei:Goodyear_Zeppelin_NT_at_Mast.jpg

13) https://www.flickr.com/photos/unclibraries_commons/22477504923
14) https://de.wikipedia.org/wiki/Br%C3%BCder_Wright#/media/File:1911_Wright_Glider.jpg
15) https://commons.wikimedia.org/wiki/File:Ernest_Failloubaz_-_Avenches_7_Oktober_1910_-_Bl%C3%A9riot.jpg
16) https://commons.wikimedia.org/wiki/File:RumplerTaubeInFlight.jpg
17) https://de.wikipedia.org/wiki/Datei:Segelflug_Trogen1a.jpg
18) https://commons.wikimedia.org/wiki/File:DG1000_glider_crop.jpg
19) https://commons.wikimedia.org/wiki/File:HE2G8.jpg
20) https://commons.wikimedia.org/wiki/File:Oemichen2.jpg
21) https://commons.wikimedia.org/wiki/File:4S1931_-_copie.JPG
22) https://de.m.wikipedia.org/wiki/Datei:Bundesarchiv_Bild_102-10462,_Berlin-Tempelhofer_Feld,_Windm%C3%BChlen-Flugzeug.jpg
23) https://commons.wikimedia.org/wiki/File:AutoGyro_Europe_MTOsport_(D-MELF)_06.jpg
24) https://commons.wikimedia.org/wiki/File:Sikorsky_Russky_Vityaz_(Le_Grand).jpg
25) https://www.flickr.com/photos/sdasmarchives/7143222685/in/set-72157629602216838
26) https://www.flickr.com/photos/sdasmarchives/5684110621
27) https://commons.wikimedia.org/wiki/File:Bundesarchiv_Bild_102-12963,_Flugboot_%22Do_X%22.jpg
28) https://commons.wikimedia.org/wiki/File:Boeing_314_Clipper-cropped.jpg
29) https://commons.wikimedia.org/wiki/File:Junkers_Ju_52-3mg2.jpg

30) https://commons.wikimedia.org/wiki/File:Douglas_C-47_Skytrain.jpg
31) https://commons.wikimedia.org/wiki/File:Messerschmitt_Bf_109E_at_Thunder_Over_Michigan.jpg
32) https://de.wikipedia.org/wiki/Datei:Fw_190_D-9_Silhouette.jpg
33) https://commons.wikimedia.org/wiki/File:United_Air_Lines_Douglas_DC-7_N6316C_(4589820053).jpg
34) https://commons.wikimedia.org/wiki/File:Lockheed_L-1649_Constellation_TWA.jpg
35) https://de.wikipedia.org/wiki/Datei:Gyroplane-Laboratoire1.jpg
36) https://pnb.wikipedia.org/wiki/%D9%81%D8%A7%D8%A6%D9%84:Fw_61_V.JPG
37) https://commons.wikimedia.org/wiki/File:Flettner_Fl_265_Modell_im_Hubschraubermuseum.jpg
38) https://commons.wikimedia.org/wiki/File:Boeing_KC-135_J57_takeoff.JPEG
39) https://commons.wikimedia.org/wiki/File:Sikorsky_vs-300.jpg
40) https://commons.wikimedia.org/wiki/File:EAA_BELL_47.jpg
41) https://www.flickr.com/photos/sdasmarchives/7585409118
42) https://de.wikipedia.org/wiki/Datei:Jet_engine_de.svg
43) https://www.flickr.com/photos/sdasmarchives/7585867490
44) https://commons.wikimedia.org/wiki/File:Me262_at_ILA_2010_30.jpg
45) https://de.wikipedia.org/wiki/Datei:Jet_engine_types-de.png
46) https://www.flickr.com/photos/31363949@N02/9215101954
47) https://commons.wikimedia.org/wiki/File:Tupolev_Tu-95_(6918339912).jpg
48) https://commons.wikimedia.org/wiki/File:Comet_4.jpg

49) https://commons.wikimedia.org/wiki/File:Boeing_707_N68657_01.jpg
50) https://commons.wikimedia.org/wiki/File:Douglas_DC-8_NASA.jpg
51) https://commons.wikimedia.org/wiki/File:Turbofan_operation_lbp.svg#/media/File:Turbofan_operation_lbp.svg
52) https://commons.wikimedia.org/wiki/File:B747_turbofan_dsc04626.jpg
53) https://www.flickr.com/photos/sdasmarchives/6313189224/in/set-72157627928485093
54) https://commons.wikimedia.org/wiki/File:BGS-Hubschrauber_Alouette_II.jpg
55) https://de.wikipedia.org/wiki/Datei:UH-1D_Luftwaffe_A29_Ahlhorn_1984.JPEG
56) https://commons.wikimedia.org/wiki/File:Helit_Bell_206_B_%22JetRanger_III%22.JPG
57) https://commons.wikimedia.org/wiki/File:US_Army_Sikorsky_CH-54A_Tarhe_(S-64A)_at_Greenham_Common.jpg
58) https://commons.wikimedia.org/wiki/File:Bundesarchiv_B_422_Bild-0222,_Zivilschutz,_Hubschrauber_MBB_Bo_105.jpg
59) https://commons.wikimedia.org/wiki/File:Kamov_Ka-32A1,_MChS_Rossii_-_Russia_Ministry_for_Emergency_Situations_AN1752306.jpg
60) https://commons.wikimedia.org/wiki/File:2nd_Arkhangelsk_OAO_Mil_Mi-26T_Dvurekov-3.jpg
61) https://commons.wikimedia.org/wiki/File:Chinook_hc2_za682_arp.jpg
62) https://commons.wikimedia.org/wiki/File:FA-18_Hornet_breaking_sound_barrier_(7_July_1999)_-_filtered.jpg
63) https://www.flickr.com/photos/tom-margie/2044726075

64) https://commons.wikimedia.org/wiki/File:Russian_Tu-144LL_SST_Flying_Laboratory_Takeoff_at_Zhukovsky_Air_Development_Center.jpg
65) https://commons.wikimedia.org/wiki/File:Concorde_British_Airways.jpg
66) https://pixabay.com/de/jet-sr-71-aufkl%C3%A4rung-flugzeuge-549612/
67) https://it.wikipedia.org/wiki/File:Boeing_747-8F_N5017Q_in-flight.jpg
68) https://commons.wikimedia.org/wiki/File:McDonnell_Douglas_DC-10-30,_Finnair_JP110732.jpg
69) https://commons.wikimedia.org/wiki/File:Lufthansa.a300b4-600.d-aiak.arp.jpg
70) https://commons.wikimedia.org/wiki/File:Winglet_Airbus_A319-132.jpg
71) https://commons.wikimedia.org/wiki/File:Airbus_A320-271N_NEO_D-AVVA.jpg
72) https://commons.wikimedia.org/wiki/File:IAA_2017,_Frankfurt_(1Y7A3479).jpg
73) https://commons.wikimedia.org/wiki/File:SWISS_Boeing_Boeing_777-3DE(ER)_HB-JNA_(25472367233).jpg
74) https://commons.wikimedia.org/wiki/File:Antonov_AN-225_UR-82060_(9144582918).jpg
75) https://commons.wikimedia.org/wiki/File:Airbus_A380.jpg
76) https://www.flickr.com/photos/83823904@N00/64156219/
77) https://commons.wikimedia.org/wiki/File:Boeing_787_Dreamliner_N787BX.jpg
78) https://commons.wikimedia.org/wiki/File:A350_First_Flight_-_Low_pass_03.jpg
79) https://commons.wikimedia.org/wiki/File:German_eurofighter.JPG
80) https://commons.wikimedia.org/wiki/File:Eurofighter_Typhoon_FGR4_6_(5969716040).jpg

81) https://en.wikipedia.org/wiki/File:F-22_Raptor_above_Mojave_Desert_-_021105-O-9999G-071.jpg
82) https://commons.wikimedia.org/wiki/File:SU-30MKI-g4sp.jpg
83) https://www.flickr.com/photos/rhemkes/19978703633
84) https://commons.wikimedia.org/wiki/File:Shrouded_tail_of_an_H135_(2).jpg
85) https://commons.wikimedia.org/wiki/File:MD_902_Explorer_Polizei_Niedersachsen.jpg
86) https://de.wikipedia.org/wiki/Datei:Westland_apache_wah-64d_longbow_zj206_arp.jpg
87) https://commons.wikimedia.org/wiki/File:0254_Eurocopter_Tiger_EC665.jpg
88) https://commons.wikimedia.org/wiki/File:74%2B53_German_Army_Eurocopter_EC_665_Tiger_Osiris_Mast_ILA_Berlin_2016_08.jpg
89) https://commons.wikimedia.org/wiki/File:US_Marine_Corps_V-22_Osprey_-_Farnborough_Airshow_2012.jpg
90) https://commons.wikimedia.org/wiki/File:Ila12_X3_0600_b1.jpg
91) https://commons.wikimedia.org/wiki/File:SB-1_Defiant_Concept_of_Sikorsky-Boeing_rigid_rotor_coaxial_compound_helicopter.jpg
92) https://commons.wikimedia.org/wiki/File:Kamov_Ka-92_model_at_HeliRussia_2009.jpg
93) https://commons.wikimedia.org/wiki/File:The_White_Knight_and_SpaceShipOne_flight_17P_photo_D_Ramey_Logan.jpg
94) https://commons.wikimedia.org/wiki/File:White_Knight_Two_and_SpaceShipTwo_from_directly_below.jpg
95) https://www.flickr.com/photos/rodeime/11904534745
96) https://commons.wikimedia.org/wiki/File:Geared_Turbofan_NT.PNG

97) https://commons.wikimedia.org/wiki/File:Maquette_UDF_-_Mus%C3%A9e_Safran.jpg
98) https://en.wikipedia.org/wiki/File:Artistic_view_of_a_PrandtlPlane_freighter.png
99) https://commons.wikimedia.org/wiki/File:Boeing_X-48B_banks_in_flight.jpg
100) https://commons.wikimedia.org/wiki/File:X-29_in_Banked_Flight.jpg
101) https://commons.wikimedia.org/wiki/File:E_FAN_Airbus_DS_20140524_1237.jpg
102) https://commons.wikimedia.org/wiki/File:HY42016LR%C2%A9_Jean-Marie_Urlacher20160922_000038.jpg
103) https://commons.wikimedia.org/wiki/File:SpaceLiner7-Booster_Separation_DLR.jpg?uselang=de
104) https://commons.wikimedia.org/wiki/File:World-airline-routemap-2009.png
105) https://commons.wikimedia.org/wiki/File:Governableparachute.jpg
106) https://commons.wikimedia.org/wiki/File:AV-8B_Harrier_II-.jpg
107) https://commons.wikimedia.org/wiki/File:Flea_Hop_HB-SIA_-_Solar_Impulse.jpg
108) https://commons.wikimedia.org/wiki/File:PA200Tornado45%2B57.jpg
109) https://commons.wikimedia.org/wiki/File:Otto_is_going_to_fly.jpg
110) https://commons.wikimedia.org/wiki/File:AP-BEB_(5896550841).jpg

Gewährleistungs-/Haftungsausschluss:

Der Autor übernimmt trotz größtmöglicher Sorgfalt bei der Erstellung des Werks keinerlei Gewähr für die Aktualität, Richtigkeit und Vollständigkeit der bereitgestellten Informationen. Haftungsansprüche gegen den Autor, welche sich auf Schäden materieller oder ideeller Art beziehen, die durch die Nutzung oder Nichtnutzung der dargebotenen Informationen bzw. durch die Nutzung fehlerhafter und unvollständiger Informationen verursacht wurden, sind grundsätzlich ausgeschlossen. Deshalb kann auch keine juristische Verantwortung sowie Haftung in irgendeiner Form für fehlerhafte Angaben und daraus entstandener Folgen vom Verlag bzw. vom Autor übernommen werden.

Das Buch enthält im Anhang sog. ‚externe Links' (Verlinkungen) zu Webseiten, auf deren Inhalt der Autor keinen Einfluss hat. Aus diesem Grund kann er für diese Inhalte auch keine Gewähr übernehmen. Für die Inhalte und Richtigkeit der bereitgestellten Informationen ist ausschließlich der jeweilige Betreiber bzw. die Autoren der verlinkten Webseite verantwortlich. Zum Zeitpunkt der Verwendung waren keinerlei illegalen Inhalte auf den Webseiten vorhanden.

Der Autor behält es sich ausdrücklich vor, Teile der Seiten oder das gesamte Angebot ohne gesonderte Ankündigung zu verändern, zu ergänzen, zu löschen oder die Veröffentlichung zeitweise oder endgültig einzustellen.

Printed in Great Britain
by Amazon